全米No.1バンカーが教える

世界最新メソッドで

# お金に強い子どもに育てる方法

酒井レオ

元バンク・オブ・アメリカ　ヴァイスプレジデント
米国政府公認　NPO法人PYD創業者

JN142661

アスコム

今、子どもが学ぶべき最重要事項。
それは、お金です。お金に強くなることが、
子どもが幸せな人生を歩むための必須条件なのです。

あなたはお子さんと「お金」について話していますか？
日本の教育では、お金について学ぶ機会はほとんどありません。
それどころか、お金について公《おおやけ》に話すことは、
はしたないとか下品だとかいう風潮がいまだに根強く残っています。
家庭でもお金について学ばせている親はごく少数ではないでしょうか。

そこで僕は、声を大にして言いたい。

**「お金を学び、お金に強くなる」ことこそ、**
**将来子どもが幸せになるためのパスポートである、と。**

お金に強くなるとは、何も大金持ちをめざそうというのではありません。
僕が考えるお金に強い人間とは、

①お金の価値を知っている
②お金で世界が回っていることを知っている

その結果、
**お金に振り回されない生き方をしている**
人です。

こういった人は、
お金に関する無駄な心配や苦労がなくなり、
自由な時間を確保できて、
自分のやりたいこと、好きなことに全力投球ができます。
やりたいこと、好きなことを仕事にできるのは幸せですよね。
お子さんにはそんな生き方をしてほしくないですか？

僕が「お金に強くなる」ことの大切さに気づいたのは、大学卒業後、およそ10年間にわたってバンカー（投資銀行家）を務めていた際、充実した毎日を送っていたお客さんは、みんなお金に振り回されない生き方をしていたからです。

一方、お金を得ることそのものが人生の目標になってしまっている人は、どこかみんな不幸そうに見えました。

僕は、ニューヨークで生まれ育った、日本人を両親にもつ日系アメリカ人です。

幼い頃はユダヤ人のコミュニティの中で育ち、ユダヤの家庭の教育を目の当たりにしてきました。

ユダヤ人といえば

フェイスブックのマーク・ザッカーバーグ、グーグルのラリー・ペイジ、マイクロソフトのスティーブ・バルマー、スターバックスのハワード・シュルツ、ＧＡＰやゴールドマン・サックスの創業者もユダヤ人。

いま世界を制覇しているのは、ユダヤ人だと言っても過言ではありません。

また、僕はマンハッタンにある国連大学の幼稚園に通っていましたから、まわりは国際色豊かなエリート家庭ばかり。

のちに世界のトップエグゼクティブになる子どもたちが、どのような教育を受けていたかも知っています。

そして手前味噌ですが、僕の両親もまた、同様の教育を僕にしてくれました。

アメリカのメガバンク「バンク・オブ・アメリカ（通称バンカメ）」で、史上最年少で全米ナンバーワンの営業成績をおさめられたのも、そういった環境で育ち、「お金に強くなる」教育を受けていたからだと感謝しています。

現在僕は、世界に目線を向けているビジネスパーソンが、グローバルに活躍するための資質や能力を伸ばすための活動をしています。

世界中のビジネスエリートと仕事をする機会も多く、
これからの時代にどんな人材が必要とされているかを日々肌に感じています。

僕がなぜこの本を書こうと思ったかというと、
日本人のビジネスパーソンはこのままだとヤバイ！　と本気で危機感を抱いたからです。
いまだに肩書きばかり主張して、中身が空っぽの人がとても多い。
（気を悪くされないでください。でも事実です）
ビジネスシーンでも、
日本人だけが会議室の隅で「ポツン」と
孤立している場面をこれまで何度も見てきました。
それは英語力の問題だけではありません。

経済や金融、デジタルの知識は後れをとっており、
相手と対等にわたりあえるコミュニケーション力や自分の意見を的確に伝えるプレゼン力、

目標を達成するための思考力や問題解決力など、
世界で闘うための基本スキルが圧倒的に劣っているのが、
残念ながら今の日本人なのです。

なかには「うちの子どもが世界で闘うなんて、大げさな」と思われる方もいるでしょう。

10年前なら、そんな悠長《ゆうちょう》なことを言えたかもしれません。
でも、時代は変わったのです。

ITの進化によって、いまや世界に国境はなくなりました。
誰もが個人レベルで多国の人とコミュニケートして、
経済活動をしていかなければならない時代がもう目の前に来ています。
少なくとも今10歳の子どもたちが大人になるころには、
日本人の多くが「鎖国」の状態を「開国」させられることでしょう。

僕は自分のルーツである日本と日本人が大好きです。
同じ顔をした日本人がビジネスの現場で苦しんでいる姿をこれ以上見たくありません。

**世界と闘うためのスキルは、**
**大人になってからでは**
**どうしても身につかないものがあります。**

これまで社会人や大学生への教育に携わるなかで、
やはり年齢による限界を感じざるを得ません。
なぜなら、世界で闘うためのスキルは、一朝一夕に養われる類のものではなく、
「人間力」とでもいうべきものだから。
でも、まだ小学生くらいまでのうちに
この本でお伝えする教育メソッドを実践していただけば、誰でも必ず身につく能力です。

この本で僕は、子どもが

**「お金に強くなるメソッド」**
**「世界で活躍するメソッド」**

を2本柱にして紹介したいと思っています。

お金に強くなければ、世界で活躍することは不可能です。
また、どんな子どもも10年後には世界に飛び出さなければなりません。
だからこの2つは、同じように大切です。

「お金に強くなる」「世界で活躍する」ために最も重視すべきことは何か？
この本で紹介するメソッドに通底するプリンシプル（原理原則）を
次ページよりお伝えしましょう。

## お金に強くなるプリンシプル１

## お金の価値を教える

子どもは親をＡＴＭだとカン違いしがち。小さいころから何でも買ってもらえて、親の稼ぎによって養ってもらっているという感覚がないと、なかなか自立心が育ちません。また、お金の価値を理解していないと、お金を計画的に使えなかったり、仕事に前向きに取り組めなかったり、あるいはお金に執着する不幸な将来が待ち受けています。だからこそ小さなころから徹底的にお金の価値を教えるべきです。

### ★そのためのメソッド例：お小遣いをあげない★

欧米ではエリート層ほど子どもにお小遣いをあげていません。

特に「お金に強い民族」であるユダヤ人の富裕層で、

子どもにお小遣いをあげている親はほとんどいないと言っていいでしょう。何も働いていないのに、毎月決まった額のお金を自動的にもらえる、なんてことは普通に考えてみてありえないことです。

大人になってから、働かずしてお金をもらえる人はいませんから。

労働の対価としてお金を得られるということを幼いころから認識させるのです。

たとえば、小学校3年生のお子さんなら、次のようなルールを決めてみましょう。

**・トイレ掃除：10円**
**・洗濯物たたみ：10円**
**・風呂掃除：30円**
**・掃除機がけ：20円**
**・配膳手伝い：10円**
**・ゴミだし：5円**
**・食器洗い：20円**
**・新聞を取りにいく：5円**

このように労働の対価としてお金を得られることを習慣化させましょう。

1日でこれをすべてしたら110円ですから、30日で3300円。

日本の小学生のお小遣いの平均額は500円程度ですから、たいそうな金額になります。

このように子どものころからお金の価値を身につけておけば、将来お金で失敗することがなくなります。

また、「なぜ人は働くのか？」ということを実感として学んでいくことができます。

## お金に強くなるプリンシプル2

### お金から世界の仕組みを教える

世界はモノやサービスにあふれています。それらがお金を支払って得られるものだという認識を持てるか持てないかで、世界や人の見方、向き合い方がずいぶんと変わってくるでしょう。どうしてモノやサービスはその値段なのか、思いをめぐらすと、それに関わっているたくさんの人たちへと想像が膨らみます。新たなビジネスを生み出す原動力も、その人が打算だけの人間なのか見極める対人力も、お金では買えないものの価値に気づけるかも、お金を通して世界を知ることから始まるのです。

### ★そのためのメソッド例：部屋代・家事代を請求する★

極端なことを言っているように感じるかもしれませんが、

これもユダヤの家庭では常識です。

だって大人になってから、
家賃を払わず部屋を借りるなんてできますか?

お金を払わずに、自分の部屋を掃除してくれたり、食事を作ってくれる人はいますか?

部屋代や掃除・食事代を毎月払ってもらうことによって、
お金によって自分は生かされ、世界はお金で回っていることを教えることができます。

なかには「子どもにそんな冷酷なことはできない」と思われる方もいるでしょう。

でも、それは間違いです。

家庭内のお金のルールを、社会のルールの縮図にして学ばせるのがこのメソッドの狙い。

ふだんはありあまる愛情を注ぐことは大前提で、
ルールだけをきちんと決めておくことが大切なのです。

もちろん、子どもに世間の相場の金額を請求することはできませんから、あくまで家庭内の金額を設定すればいいでしょう。
たとえば、先ほどと同じ小学3年生の例でいうと、

- **子ども部屋家賃（1ヶ月）：300円**
- **共有スペース家賃（1ヶ月）：200円**
- **食事代（1ヶ月）：1000円**
- **子ども部屋掃除代（1ヶ月）：1000円**

このくらいに設定してみましょう。
すると子ども部屋の掃除を自分でしなかった場合、
子どもの支出は1ヶ月2500円になります。
先の例で収入は3300円でしたから、そこから捻出してもらいましょう。

すると、手元に残る金額は８００円。お子さんは、お金はもらえるだけでなく、モノやサービスを得るために支払わなければならないことを学んでいきます。

子どもがもっと手元に残るお金がほしいというならば、家庭内の労働を頑張ってもらえばいいですね。

実際に請求するのがどうしても難しいという方は、

「本来支払うべき支出だけど、あなたはまだ子どもだから、ママ（パパ）が立て替えておくけど、大人になったら払ってね」

と伝えておくだけでも効果的です。

## 世界で活躍するプリンシプル1

## デジタル&アナログ人間にする

２０２０年から日本もようやくプログラミングの授業が始まりますが、世界より10年は遅れている状況です。将来どんな職業に就くにせよ、これからの時代、デジタルに弱い人間が活躍できる場はますます減っていくでしょう。デジタルに強いことはデフォルトです。しかし世界で活躍するためには、人と人との関係性をいかに構築するかといった、人間のアナログ部分にかかっています。本書のメソッドは、両軸からあなたのお子さんを世界レベルに引き上げます。

### ★そのためのメソッド例：スマホは0歳から使わせる★

先日、「スマホを小さな頃から使うのは脳に悪い」などという何の科学的根拠もない都市伝説を、本気で信じている日本人の親に会ってびっくりしました。

今世の中にある便利なものは、なるべく早い年齢から扱わせたほうがいい。
0歳でスマホに興味を抱くならば、触らせてあげればいい。

テクノロジーの進化はだれも止められないのだから、
それとどう共存していくかを考えるべきです。

0歳からスマホに親しんでいる子と、
5歳でデビューした子の差を埋めるのは、すでに難しいでしょう。
10年後、20年後を生きていく子どもたちは、
今とはまったく異なる社会で仕事しなければならないのですから、
親は積極的に現在の最先端のテクノロジーを子どもに提供してあげなければなりません。
デジタル弱者になり苦しむのは、ほかでもなく子どもなのですから。

## 世界で活躍するプリンシプル2

### すべてを「見える」化して育てる

子どもを幸せなエリートに育てるためのキーワードは「見える化」です。見える化させるジャンルは多岐にわたります。「お金」の見える化、「勉強」の見える化、「親子の心」の見える化などなど。見える化は、いいかえると、「ウソのない子育て」とも言えます。見える化を意識して子育てをすると、子どもは目標や夢に向かって集中します。親子の愛情も深まり、子どもは安心して親を信頼し、将来にわたっていい関係性を築けるでしょう。

**★そのためのメソッド例：目標は数値化して壁に貼る★**

子どもの目標は必ず一緒に数値化してください。勉強もスポーツも生活も、すべての目標を数値化すれば、子どもはそれに向かって努力できるようになります。

これはビジネスの世界でも同じことです。

たとえば、

「算数の成績をあげる」

といった漠然とした目標ではなく、

「3ヶ月で算数のテストで100点をとる」

という具体的な目標を立てます。

親は、努力すれば達成できる目標を一緒になって考えるのがいいでしょう。

また、1年以上先の目標は子どもの集中力が続かないことが多いので、大きな目標は3ヶ月後くらいに設定するのがベストです。

僕は25年来少年サッカーチームのコーチをしているのですが、

1年前に立てた目標をみんなたいてい忘れてしまいます。

大きな目標が決まったら、

紙に書いていつでも見える場所に貼っておくのがおすすめです。

見える化することで、やる気を継続させることができます。

でもこれだけではダメです。

3ヵ月後の大きな目標を達成するために、今日から始める小さな目標を設定します。

「ドリルを1日3問とく」

「土曜日は塾のテキストを20ページ以上進める」

といったように、具体的にすべきことを数値化していきます。

あとはそれを継続していくのみ。

当たり前のことに思えるかもしれませんが、ビジネスの世界でもこの当たり前のことができている人は、ごく少数です。目標を数値化すると、何事においても「なんとなく頑張る」ことがなくなり、集中して物事に取り組むことができます。

好きなこと、やりたいことを仕事にしている人は、こういった小さな積み重ねを経て、自身の夢をかなえているのです。

これら４つの原理原則は、この本で紹介していくメソッドの基盤となる考え方です。
例として対応するメソッドを紹介しましたが、
この本ではこの他にもたくさんの方法を紹介していきます。
それらは僕が出会ったビジネスエリートたちへのリサーチであったり、
世界各国の最新教育法から日本人にあった方法を厳選したものであったり、
ユダヤの教えで昔から伝えられている方法であったり、
僕自身が両親から受けてきた教育であったりします。
家庭の事情や子どもの性格などによって、
これぞと思うものを選んで実践してみてください。
するとあなたのお子さんは、次のようなスキルを身につけていくことができます。

# STEP 1

## [お金に強くなるメソッド]で、こう変わる！

お金に振り回されない人生を歩める！

親に依存しなくなり、
**自立心が育まれる**

お金が増える喜びを知り、
**数字・計算が得意になる**

自分で家計を管理運営する、
**経営者目線が育まれる**

お金は減るものだと知り、
**ムダ使いをしなくなる**

計画的に物事を進め、
**お金に悩まない人間になれる**

# STEP 2

## ［世界で活躍するメソッド］で、こう変わる！

これらはすべて、最強エリートになるための必須スキル！

好きなことに
集中して、
思考力が
伸びる

目標を数値化して、
夢に
チャレンジ
できる

対人関係を
円滑にする、
コミュニケーション力・
プレゼン力が
育まれる

困難にも動じない、
問題解決力
が伸びる

AI時代に対応した、
発想力が
伸びる

これからの10年、ＡＩなどのテクノロジーの進化によって働き方は大きく変わります。オックスフォード大学の研究によると、10年から20年程度で、仕事の47％がＡＩに代替されると言われています。

すでに現在、昔ながらの「終身雇用」は過去の遺物となりました。一つの会社に席をおき、好きでも嫌いでもない仕事をしながら、ただ漫然と会社に行っているだけで毎月給料がもらえ、在籍期間を重ねるだけで給料が上がる、そんな時代は終わったのです。

会社は個人を守ってくれる場所ではなくなりました。

## あなたはＡＩが代替できないどんな能力を持っているのか？個人のスキルが問われる時代になったのです。

僕の両親は結婚後、アメリカに何のツテもないままニューヨークに渡りました。最初は小さな飲食店からスタートしたものの金銭的には苦しく、僕は政府から出産費用の援助をうけて生まれた子どもでした。

その後、親の事業が軌道に乗り、国連大学の学校にまでいかせてもらえましたが、両親からお金の面で甘やかされたことは一度もありません。母に部屋の掃除をしてほしいと頼めば、「やってあげてもいいけど、お金を払ってね」と普通の声のトーンで帰ってきました。

お金を払うくらいなら、自分でやる。こうして僕の自立心は養われていったと思います。

いま日本では、ハーバードやスタンフォードといった有名大学に関連する書籍が人気だと聞きました。日本人の多くが時代の変化を読み取り、世界から遅れをとらないための方法を探っているのだと思います。でも僕は、それをそのまま日本人のビジネスや子育てに当てはめるのは不可能だと思っています。

なぜなら、文化や考え方の違いがあるのは当然だからです。だからこそ僕は、日本人のメンタリティにあった子育ての本を執筆することにしました。世界のトップエグゼクティブがしている子育て法を熟知し、そして日本人の心をも知る僕だからこその教育法を伝えられればと思っています。

**お金に強くなり、世界で活躍するスキルを身につければ、常識や既成概念に縛られない自由な生き方が手に入ります。**

本書が想定するお子さんの年齢は5歳から12歳くらいまでですが、学び始めることに遅いことはありません。手にとっていただいた今日から、ぜひ始めてみてください。

10数年後、あなたのお子さんは、激動の社会を力強くサヴァイブし、グローバルに活躍していることでしょう。

そのとき本書を思い出していただければ、望外の喜びです。

酒井レオ

Chapter.

# 1 お金に強い子どもに育てる

1 お小遣いは絶対にあげない 36
2 子どもの「アレ欲しい」はひとまず無視する 40
3 子ども部屋の掃除代、1ヶ月の食事代を支払わせる 44
4 部屋代を支払う義務があることを伝える 48
5 好きな有名人の収入について徹底的に話をする 52
6 家族アメーバ経営会議を毎月開催する 56
7 子ども名義の銀行口座をつくる 60
8 一家団欒にはモノポリーか人生ゲーム 64
9 どんなに苦手でも算数だけは嫌いにさせない 68
10 よいメンターにはお金をおしまない 72
11 本だけはいくらでも買い与える 76
12 日本より熱量が高い海外に連れていく 80

13 ボランティア活動は必須 84
14 お金がなくても頭脳があれば世界のどこでもサヴァイブできる 88
15 「なぜ？」という問いを親子でぶつけあう 92
16 夕飯時にはビジネスに欠かせないスモールトークのレッスンをする 96
17 世界を相手にしても怖気づかない教養を身につける 100
18 最寄駅の駅員さんの名前を覚える、毎日あいさつを交わす 104
19 誰かの「面倒くさい」を解消するビジネスを考えさせる 108
20 今ある職業の47％が10年後は存在しないことを親自身が理解する 112
21 子どもが夢中になっていることを絶対にさまたげない 116
22 通知表なんてどうでもいい。得意分野をとにかく伸ばす 120

Chapter.
# 2 世界で活躍する子どもに育てる

23 「日本はアジアのトップ」その考えをまず捨てよ 126

24 プログラミングはIT分野を超えた必須スキル 130
25 0歳からスマホを使わせる 136
26 ささいなことでもすべて子どもに決断させる 140
27 圧倒的個性を身につける 144
28 日本的な横並び教育から一刻も早く脱出する 148
29 自然と触れ合い、体にエネルギーを入れるアーシングのすすめ 152
30 「YES」「NO」で答えられない質問をする 156
31 勉強はリビングでさせる 160
32 短歌と絵本を読み聞かせて語彙力を飛躍的に伸ばす 164
33 絵画鑑賞で美意識を育てる 168
34 挫折しそうなときは、しっかり挫折を経験させる 172
35 すべての目標を数値化して達成感を味わわせる 176
36 なんでもいいから気分がスカッとするリセット法を持つ 180
37 武道・伝統芸術を習わせて日本人の精神性を育む 184

38 ダメな自分を笑い飛ばせる勇気を持たせる 188
39 大人の集まる場所にどんどん連れ出す 196
40 苦手な友だちの良いところを考えさせる 200
41 英語学習がもたらす言語力以上のメリット 204
42 STEAM教育でAI時代が求めるセンスを伸ばす 208
43 13歳を成人と想定した子育てをする 212
44 家事は完璧を目指さず、子どもとの時間を大切に 216
45 ほめるときも叱るときも結果よりプロセスを大事にする 220
46 一流のビジネスパーソンにならって裏表の顔を使い分けない 224
47 大切なことは繰り返しポジティブな言葉で伝える 228
おわりに 232

Chapter. 1

# お金に強い子どもに育てる

お金に強くなる方法

1

# お小遣いは絶対にあげない

日本で売れている子育て本を手に取ると、かなりの確率で「小学生になったらお小遣いをあげる？　あげない？」というテーマを目にします。

この問いに対する僕の答えは、**「お小遣いは絶対あげない」**です。

僕自身、お小遣いはもらっていませんでした。同級生にたくさんいたユダヤの裕福な家庭の子どもたちも、お小遣いはもらっていませんでした。経済的にゆとりのある家庭ほどお小遣いをあげていない、というのが昔から変わらない僕の印象です。

言わずもがなですが、**お金は労働の対価**です。何の労働も提供していないのに、毎月、決まった額の金が手に入ることなどあり得ません。少なくとも、僕の父が渡米してから多くを学んだ、**ユダヤの家庭に受け継がれている〝帝王学〟では、この考え方は当たり前すぎるほど当たり前。**

お小遣いを管理することで、お金との付き合い方が身につくというのがお小遣いをあげる派の言い分ですが、お金の本質を知らないまま付き合い方だけ学んでも、将来、お金を生み出す子どもにはなれません。おそらく、お小遣いは毎月決まった額がもらえるお給料の縮小版なのでしょう。そうであるならば、まずは親の側が、これからの時代の多様な働き方について、考えを改めなければなりません。自分の子どもの将来は、定額のサラリーをもらう会社員ですか？　**これからの時代は、〝好き〟を仕事につなげていく人が増え、スペシャリストとして個人で働く人や起業家が増えてくる**でしょう。そんな時代に、お金の使い方しか学ばないことは、リスクでしかありません。

お金に関しては、大人になったときを想像してみると考え方がブレません。大人になって、働かずしてお給料をもらう人がいますか？　もし、お金をあげるならば、その金額に見合うだけの労働が必要であると教えるのは、とてもシンプルでありながらお金の本質について学ぶいい機会です。

玄関の掃除1回10円、家中のフローリングを雑巾がけしたら20円、風呂全体を掃除したら30円など、労働力に見合う対価を設定して、自分で稼ぐ喜びを味わいながらお金を手に入れたほうが、身につくことは圧倒的に多いでしょう。

大人に限らず、人間は誰でもラクをしたい生き物です。1回の風呂掃除でもらえるお金は30円。ここが変わらないとすれば、**どうしたら効率よく、短時間で風呂掃除を終えることができるか**を考え始めます。それが、**想像力や発想力といったクリエイティブな思考の源**。実行して、うまくいかないところは修正して、試行錯誤しながら自分なりの〝型〟を生み出していくところに面白みがあるのです。

**労働の対価として得たお金を貯金箱に入れて貯めていけば、労働の重みを肌で感じることができる**でしょう。電子マネーや仮想通貨など実際のお金を手にすることが減ってきている時代だからこそ、こういった原始的なやり方に価値が生まれます。

一方、何もせずに定額をもらえるお小遣いはというと、もらう前から「次のお小遣いが入ったらアレを買おう」と、頭の中が物欲に支配されてしまうのではないでしょうか。自分で働いて得たお金だという重みがないから、好き放題に使えます。ただお小遣いをもらうだけではいらぬ物欲まで刺激され、消費することばかりに目が向いてしまい、お金を生み出す力は育ちません。

お金に強くなる方法 2

# 子どもの「アレ欲しい」はひとまず無視する

僕の育った家庭にはお小遣いの制度はありませんでしたが、何も買ってもらえなかったわけではありません。僕も普通の子どもでしたから、友だちの持っているゲームやオモチャが欲しくて、親にねだったこともたくさんあります。

そんなとき、両親の答えは明快で「1ヶ月経っても欲しい気持ちが変わらなければ、そのときに考えましょう」と言われるのが常でした。子どもの「アレ欲しい」は突風のようなもので、一瞬の感情でしかないことは、子育て中のみなさんならよくご存じだと思います。その瞬間は泣きわめいて執着を見せるものの、「アレ欲しい」の9割近くは、30分も経てば記憶から消去されてしまう程度のもの。

翌日になってもまだ欲しい気持ちが尾を引いていても、時間の経過とともに「本当にアレは必要かな?」と冷静に考えられるようになり、大半は、親を説得してまで手に入れる必要はなく、今の生活になくても困らないものであることを知ります。

「本当にアレは必要かな」と考えることは、とても大事です。今の世の中、欲しいものは次から次へと出てきます。そのたびに必要かどうかを考え続けていると、**自分という人間は何に価値を置き、どんなものであればお金を支払ってまで手に入れたいと思**

**うかが明確に**なっていきます。そうすることで、**物欲に振り回されることがなく、物事の本質をシンプルに見極められる人生**が手に入ります。

本物のお金持ちや成功した実業家の暮らしぶりは、実にシンプルです。そのいい例が、アップルの共同創立者であるスティーブ・ジョブズです。黒のタートルネックにジーンズにスニーカー。これが彼の定番スタイルでした。ほかにも、フェイスブックCEOのマーク・ザッカーバーグのグレーのTシャツ、第44代アメリカ大統領のバラク・オバマもグレーかブルーのスーツしか着用しないことで有名です。

彼らは仕事での決断に時間やエネルギーを注ぐために、今日は何を着るかという悩みを捨て、自分のファッションの定番スタイルを築き上げ、それを貫きました。流行に左右されず、アレが欲しいコレが欲しいという物欲に翻弄《ほんろう》されるムダな時間を省き、自分のすべきことに全精力を注いだのです。

**何かひとつを突き詰めるためには、自分にとって重要でないものは切り捨てる。そんなシンプルな決断力が必要とされます。その一方で、自分が本当に必要と感じたも**

**のは、手に入れる熱意と交渉力も必要です。**

我が家の場合、もし、1ヶ月経っても欲しい気持ちが継続しているときは、そこから交渉が始まります。自分はなぜこれが欲しいのか、これを手に入れたらどんなふうに活用するのか、子から親へのプレゼンが通らなければ何も買ってもらうことはできませんでした。当然、そんな親だとわかっているので、欲しいものがあるときにはプレゼンまで含めてあれこれ考えるクセがつきました。

お金があってもただ蓄えるだけでは、人生に彩りが生まれません。かといって、欲しいものを何でも買っていればお金が底をつき、人生を棒に振ります。

**小さな頃から、自分にとって価値あるものを判断するクセがついていれば、必要なものにはしっかりお金を投じることができ、不必要なものを買うか買わないかで悩む時間もカットできます。**僕が大切にしている「Time is money」の精神は、こうしたささいな経験から育まれていくのです。

お金に強くなる方法 3

# 子ども部屋の掃除代、1ケ月の食事代を支払わせる

「働かざる者食うべからず」。日本には、いいことわざがありますね。家族は社会における、最小単位のチーム。みんなで協力して、家に貢献するのは当たり前。お金を稼いでくることができないのであれば、掃除や片づけなどの家庭内労働で貢献すべし。これが我が家の基本ルールでした。

「ねえ、たまには僕の部屋の掃除をしてよ」
「やってあげてもいいけど、お金払ってよね」

これ、本当にあった親子の会話です。母の言い分としては、ビルの清掃スタッフがお給料をもらっているように、**誰かが自分のスキルを提供すれば、そこには必ず費用が発生するのが当たり前**。ボランティアでもない限り、タダでやってもらえることなんてないと思いなさい、というのです。

お金を払うくらいなら、自分でやります。これが僕の選択でした。小学生になれば完壁ではないかもしれないけど掃除機はかけられますし、拭き掃除だってできます。特に日本の場合、学校で生徒が掃除をする習慣があるわけですから、できないはずがありません。

もしかしたら我が家でも、僕の掃除が行き届かないところは母がこっそりきれいにしてくれていたのかもしれませんが、僕の掃除の仕方について注意されたことはなく、僕は僕なりのやり方で部屋の掃除をしていました。そのあたりが、母の上手なところだったと思います。

また、我が家はさすがにそうではなかったのですが、ユダヤ人の同級生の中には1ヶ月の食事代を親に払っている友だちがいました。その子の家も、家の仕事をすれば対価としてお金をもらえるシステムを採用していて、そうやって稼いだお金から、母親がつくってくれた食事の代金を支払っていたそうです。

家の仕事をしなければ自分の手元にはお金がないわけですから、3食にありつくために、その子は一生懸命家庭内労働をして、また効率よく稼ぐためにやり方を工夫していたといいます。さらには、ルーティーンの仕事だけでは飽き足らず、両親へのマッサージを自主的に行い、定期的に臨時収入も得ていたそうです。それなりの貯金ができていたので、食いっぱぐれたことは一度もなかったと言っていました（笑）。

「さすがに私のうちではちょっと……」と思われる方も多いと思いますが、**掃除代にしろ、食事代にしろ、リアルにかかっているお金ではなく「家庭内の適切なレート」で金額設定**をすれば、あながち無謀なメソッドではないです。

たとえば、子どもが手伝いをして無理なく稼げる1ヶ月の金額が1000円だとすれば、子ども部屋の1ヶ月の掃除代は200円、食事代は300円といったように決めればいいでしょう。あくまで、掃除や食事は無償で提供されるサービスでないことを子どもに伝えることが大切です。

お金に強くなる方法 4

# 部屋代を支払う義務があることを伝える

金銭面に対してとてもシビアな両親に育てられたというのに、僕は社会人になっても実家で暮らしていました。いや、もちろん、家を出て独り立ちしなければいけないことはわかっていたのですが、就職してから2ヶ月が過ぎ、3ヶ月が過ぎても「出て行け」と言われないのをいいことに、「これはもしかして、このままいけるのでは……」と自分に都合よく解釈したのが大きな間違いでした。

ある日、母から渡されたのは請求書でした。それも、ビジネスでも通用する形式の完璧な請求書です。**今住んでいる家の広さから僕の部屋の占めるパーセンテージを導き出し、その数字をもとに実家で暮らした25年分の家賃や電気代が請求金額として明記されていました。**

「これ、何？」。唖然としてたずねる僕に対し、母はとても冷静に**「あなたが支払うべき、これまでの人生の経費よ」**と答えました。最初は僕をこの家から追い出すための冗談かと思っていたのですが、話せば話すほど、母が本気であることがわかるだけでした。これはもう逃げられないと悟った瞬間、僕は請求書に書かれた金額の小切手を切り、身の回りの物をダンボールに詰め込んで家を出ました。のろのろと暮らしていた3ヶ月がウソのような早業《はやわざ》です（笑）。

我が家のこの徹底ぶりは、ほかの家と比べて極端であることは十分承知しています。しかし、家庭は社会の縮図です。前の項目でも触れたように、**掃除がタダではないこと、毎日の食事を作ってもらうことが当たり前ではないこと、そして、暮らしている家が自分のものではないことは、小さな頃から伝えておくべき**です。

冒頭で示したように、実際に、風呂掃除などの労働の対価として得たお金の中から部屋代を差し引いて渡したり、高学年になればエクセルなどで1ヶ月の収支を自分で管理させることもできるでしょうし、事前に部屋代は計算しておいて、「ここで20年暮らした場合は、〇〇万円があなたが就職してから支払うべき部屋代よ」と伝えておくというやり方もあるでしょう。

実際に部屋代や掃除代を請求しないにしても、「この家で快適に暮らせるのは、父や母がお金を稼いでいるから」で、「この家ではみんなが健康で気持ちよく過ごせるように母がメインとなって掃除と食事づくりを担当し、体力勝負の遊びや力仕事はパワーのある父が担当している」などの事実を伝え、「あなたはみんなのために、何ができると思う？」と問いかける。

得意な人が自分の能力を提供し、家族が心地よい暮らしを得る。それはまさに、10年後のビジネスの基本となるであろう、各分野のスペシャリストが協働してプロジェクトを完遂《かんすい》するスタイルとまったく同じです。

**これからの社会で必要とされる能力の中でも、特に重要である「協働力」**は、学校やスポーツの習い事など、たくさんの人が関わる中でこそ育つと考えがちですが、それは違います。関わる人数が2人だろうが10人だろうが、その中で自分ができることは何か、果たせる役割があるかどうかを考えて、ほかの人と意見をすり合わせながら実行していく協働力。**その基本となるのが、チーム家族**です。家族の中で果たす役割があることは、「自分は信頼されている」という自信を生み、自己肯定感を高めます。

自分の能力をポジティブにとらえられる人は、チームの中で反対意見が挙がっても否定的に受け取ることなく、よりよいものをつくる力へと昇華することができ、最後まで粘り強く仕事を完遂することができます。

お金に強くなる方法

5

# 好きな有名人の収入について徹底的に話をする

お金の話題を大っぴらにするのは、はしたない。これが、日本の価値観ですよね。でも、**お金は生きていくのに必要なもの**で、決して、汚いものでも、不浄なものでもありません。**変に隠すから、そこに執着が生まれる**のです。

赤ちゃんは、身近にいる人たちの会話を聞いて単語を覚え、やがて自在に言葉を操《あやつ》るようになっていきます。それと同じように、お金のリテラシーも周囲の会話から自然と身につけていくことができれば、そこに苦労はありません。

僕はサッカーチームのコーチを25年続けています。チームの活動の中で、子どもと保護者を車に乗せる機会がありますが、**欧米やユダヤのママたちは、後部座席で普通に「今、どの銘柄に注目しているの？」といった投資についての情報交換など、お金にまつわる話題になる**ことも珍しくありません。かたや、日本人のママたち。「あそこのママがこの間さ」といった噂話かグチまじりの会話ばかり……。お金の話といえば、新しく買ったバッグやアクセサリーの話題くらいでしょうか。

いきなり株の話をしろと言っているわけではありません。たとえば、家族で食卓を囲む時間に、今、**世間で話題になっているニュースを取り上げて、お金の話題へと転換していく**ことなら、難しくないと思います。特に、スポーツ界のスーパースターに関する話題や、歌手、映画といったエンターテインメントの世界の話題なら、子どもの食いつきもいいのではないでしょうか。

日本のみならず世界が注目しているテニスの大坂なおみ選手。２０１８年に全米オープン、２０１９年に全豪オープンで優勝した際の賞金はいずれも3億円超え。21歳の彼女の生涯獲得賞金はすでに10億円を突破しています。

テニスの優勝賞金は、すべてのスポーツの中でもかなり高額です。日本人の強豪選手がひしめき、近年、人気がある卓球と比較してみると、よくわかります。卓球の場合、国際卓球連盟主催のワールドカップでさえ、優勝賞金は日本円で６００万円程度。いったい、この差はどこからくるのかを子どもと一緒に考えてみるのです。

人気スポーツでは放映権料が高額になり、世界中にファンのいる人気スポーツであれば放送する国の数も増え、その分、放映権料がたくさん集まります。たくさんの国々で放送されるとなれば、そこに広告を出したい企業も増えるため、スポンサー収入も跳ね上がります。さらに、集客力が高ければチケット代も高額になります。たくさんのお金を集めることができれば多額の優勝賞金を出すことができ、人気選手のエントリーも増え、ますます魅力的な大会となって価値が上がります。

**一人のスポーツ選手をきっかけに、社会の仕組みを自然と知ることができます**よね。

あるいは、もっと身近なところで、スーパーでは100円でアイスクリームが買えるのに、お店の人が盛り付けてくれる専門店のアイスはどうして400円も500円もするのかを考えてみてもいいし、100円ショップが儲かるのはなぜか、なぜ地方を走る電車やバスは運賃が高いのか。生活の中のさまざまな場面に、お金の話題となるタネは転がっています。

こういった話題を何度かしていくうちに、子どものほうから「どうして?」と聞いてくるようになればしめたものです!

お金に強くなる方法

6

# 家族アメーバ経営会議を毎月開催する

モノを所有することこそが裕福であり、多くのモノを持つことに価値を見い出していた世代が祖父母や親となり、今を生きる子どもたちは両祖父母と両親、6つの財布を持っているなどとも揶揄《やゆ》されています。そんな時代にあって、ともすると子どもは親のことを〝打ち出の小槌《こづち》〟かATMかのように錯覚してしまいがちです。

だからこそ、月に一度は**家族アメーバ経営会議を開催することをおすすめします。**

アメーバ経営とは京セラ名誉会長の稲盛和夫さんが生み出した経営手法で、そこには「経営は一部の経営トップが行うのではなく、全社員が関わって行うべきだ」という思想が貫かれています。アメーバ経営は、組織を5人程度の小集団（アメーバ）と見なして、アメーバのメンバーそれぞれが事業の計画、目標を立てて実行していくシステム。つまり社員全員が経営者のつもりで働き、お金の動きも把握せよ、というわけです。このアメーバ経営の思想を家族に落とし込んだものが「家族アメーバ経営」となります。

家族経営は一部のトップ（父や母）だけで行うものではなく、**「子どもも経営に関わっているという意識を持たせる」のが家族アメーバ経営会議**の目的です。どこまで家族経営に関われるかは別として、この「意識を持たせる」ことが重要となります。

会議では、住宅ローンの返済や家賃の支払いに必要なお金、食費、水道光熱費、塾代や習い事を含む教育費、保険料など主な支出を現金で用意して子どもに公開しましょう。

この方法によって、**「人が生きていくには、1ヶ月にこんなにたくさんのお金が必要」**ということを実感を持って受け止めることができます。

高学年にもなれば、現金で用意した支出からは見えないお金として、お給料から住民税などが引かれていること、年1回は固定資産税や自動車税など税金の支払いがあることを説明してもいいと思います。

毎月、同じように現金を用意していても新鮮味がなくなるでしょうから、**「今月は水道光熱費をどうしたら減らせるかを考えてみよう」「今月は教育費の中身について詳しく見てみよう」**など、テーマを決めて家族で意見を出し合ってみるのもおすすめです。

何に予算をいくらとって、どの予算を手厚くしていくか。今かかっている経費にムダはないか。あらゆる視点からお金と向き合う絶好の機会となります。

また、教育費にいくらかかっているのか、単一の項目で示されてもピンときませんが、住宅ローンの返済額や水道光熱費などの比較対象があると、教育費が家計で占める割合を感覚としてとらえることができます。お金が愛情を推し量る指標ではありませんが、**親はこんなにも自分のためにお金を使ってくれているのだと知ることは、習い事への集中力や取り組み方にも影響を与える**でしょうし、「ここまで予算を取ってまでやるべきことなのかどうか」と考えるきっかけにもなります。

**子どもの誕生月には特別予算を計上して、このお金をどうしたら有意義に使えるかを考えてみる**のも楽しいでしょう。

チーム家族は企業ほどシビアではないはずですから、切り詰めるばかりではなく、時にはお金を有効に使う楽しみについても家族で考えてみるようにすると、お金が好きと言える大人に育つことでしょう。

お金に強くなる方法 7

# 子ども名義の銀行口座をつくる

アメリカではだいぶ前から、銀行の通帳はありません。取引はオンランでチェックするのが一般的で、必要とする人には月1回ステートメント（明細書）が郵送され、ペーパーで確認することもできます。

店舗のないネットバンクが今では当たり前ですし、スマホやパソコンさえあれば、通帳がなくても困ることはありません。逆に、オンラインならば時間も場所も選ばずお金の出入りをチェックできるので便利なくらいです。しかし、これは大人の話。日々のお金の出入りをチェックする機会のない子どもにとっては、いつでも自分で明細を確認できる通帳というシステムはとても役立ちます。日本にはせっかく通帳があるのですから、ぜひ活用したいところです。

自分が子どもの頃を思い出せばわかりますが、自分宛の手紙が届くだけでとてもうれしかったですよね。やはり、子どもも一個人として認められたいという思いがありますから、**表紙に自分の名前が印刷された通帳を持てば、それだけで気持ちが前向きになります。**そして、キャッシュレス化していく世の中で、お金を体感する機会がどんどん減っている中、**〝自分の〟通帳でお金の出入りを確認できることは、お金を身近**

**に感じられるいい機会**になります。

子ども名義の通帳にどんなお金を入れていくかは各家庭で決めればいいことですが、たとえば、毎年お正月にいただくお年玉。千円でも1万円でも、毎年、少しずつ積み立てていくことで大きなお金になることを、小さなうちに実感を持って知ることで、金銭感覚の土台は築かれます。

結局のところ、お金は使えばなくなるし、少額でもコツコツ積み立てれば蓄えになります。この基本は、永遠に変わりません。

バンク・オブ・アメリカに勤務していた頃、18～20歳くらいの少年や少女が日本でいう国債《こくさい》を換金しにくる、という場面に何度も遭遇しました。気になって同僚に聞いてみると、アメリカでは子どもが生まれたときに国債を購入し、子どもが18歳や20歳になったときに渡す家庭が少なくないそうです。これも、自分が生まれて成長する間に、利子がいくらついたかということを肌で知ることができ、また、親の気持ちを受け取ってこのお金を何に活用するかを考えるいい経験になります。

**高学年にもなれば、子ども名義の通帳にある程度お金が貯まっているはずです。そうなったら、それを資金にして投資を始めてみるのもいいでしょう。**銀行預金の金利はすずめの涙ほどですが、投資には自分の資産を大きく増やす可能性があります。投資といっても短期で売り買いを繰り返すのではなく、長期的に保有することでお金の動きを見ることが重要です。値の動きに一喜一憂するのではなく、大局的なお金の流れを見る、いわばレッスンのようなものですから、大きな額を費やす必要はありません。

**子どもの好きな分野の企業の株を購入すれば、より興味を持ちやすいでしょう。**貯め込み体質の日本人だからこそ、アクティブなお金の運用方法に小さい頃から慣れ親しんでおくことをおすすめします。

お金に強くなる方法

# 8

# 一家団欒には
# モノポリーか人生ゲーム

週末、酒井家の一家団欒に欠かせなかったのが、ボードゲームです。特に熱中したのは、世界中に愛好家を持つ「モノポリー」です。「モノポリー」は、1935年にアメリカで発売されてから、世界100ヶ国40言語で発売されていて、約2億5000万セットも売り上げている王道のボードゲームです。不動産物件の売買をメインに、プレイヤー同士でお金の交渉をしたり、大人も子どもも関係なく、対等な立場で駆け引きできる面白さがあります。

日常生活では何をやっても歯が立たない父と同じ土俵に立ち、せめてゲームの世界では勝ちたいと思って自分なりの戦略を練り、運に味方されたり見放されたりしながら勝負を挑むのは、とてもスリリングでワクワクしました。

それに加え、我が家では母お手製の換金表があって、「モノポリー」で稼いだお金を現実のお金に換金して親バンクに貯めておくことができたり、家を建てるなどゲームの内容に沿ったタスクをクリアできれば、ご褒美リストにあるジュースなどを親バンクの預金の中から買うことができるといった、プラスアルファの要素でも楽しませてもらっていました。

もしかしたら、こういうお楽しみがあったから、僕はお小遣いがなくても不満を持つこともなく過ごせたのかもしれません。

両親からしたら、「モノポリー」はお金教育の一環という意味合いもあったのだろうと今は思います。けれど、僕たち兄弟が飽きずに取り組める仕組みを考え、やらされている感を抱かせなかったのは、自分の親ながらすごいなと感心せざるを得ません。

そして何よりも、平日は仕事で忙しい両親が、週末になると一緒にボードゲームを囲み、その場を離れずずっと一緒にいてくれることもうれしかった。

日本では、「モノポリー」よりも「人生ゲーム」が人気のようです。こちらは運の要素が多分にあるようですが、就いた職業によってお給料が違うこと、お金がなければ負債が増えていくことなど、ルーレットを回しながら楽しくお金に触れることができそうです。

いずれにしても、**家族みんなが対等に戦えるのがボードゲームのいいところです。デジタル化が加速している現代だからこそ、昔ながらのボードゲームは新鮮で、いつの時代でも子どもは夢中になって遊ぶはずです。**

また、ボードゲームをやると、その人の性格がそのまま表れるのも楽しい要素のひとつです。一攫千金を狙いに行くタイプ、堅実を貫くタイプ、戦略家、楽天家、激昂《げきこう》型……。子どもの性格を理解する上でも役立ちますし、本人としても、自分はこういう人間だということを少しでも早いうちから知っておくことは、決して損にはなりません。

たかがボードゲーム、されどボードゲーム。今度の週末にでも、ぜひ、楽しんでください！

9

お金に強くなる方法

# どんなに苦手でも算数だけは嫌いにさせない

数字・数学はグローバルランゲージ。世界共通言語です。世界の人口ランキング1位は中国で約14億人、日経平均株価は2万1000円、業界シェア80％、このような表記を見れば、世界中に暮らす人々がそこから何を感じ取るかは別として、数字が示す内容については同じように理解できます。数字は、社会を知る入口ですから、**これからのグローバル化社会を生き抜くには、子どもを数字嫌いにさせないことが大切**です。

また、マネーリテラシーを育むには、「数字で世の中を見る」ことが欠かせません。前にも少し触れましたが、同じ500㎖のペットボトル飲料がコンビニエンスストアでは150円で売られているのに、近くのスーパーマーケットへ行けば100円で買えるのはどうしてだろう。日本の労働人口の85％近くの人がサラリーマンを選択し、起業家の道を選ばないのはどうしてだろう。数字は、お金を生み出す思考に欠かせない「なぜ」をたくさん提供してくれます。

もし、現在、お子さんが小学生や中学生で、算数や数学に苦手意識を持っているとしたら、好きにならないまでも、苦手は克服しておいたほうが将来のためになります。基本的に、**勉強やスポーツはその子の得意分野を伸ばすことを僕はおすすめしていますが、算数・数学だけは別。**お金に強い大人になるために欠かせない素質ですので、親もできるフォローはして、早めにつまずきを正してあげましょう。

数学は知識の積み重ねなので、いったん、ラクに解けるところまで戻って、そこから毎日ドリルを1枚ずつやるだけでも基礎的な力は身につきます。そして、少しでもわかることが増えていくと、それが自信につながります。

数学が苦手な人は、「数学なんて社会に出てから何の役にも立たない」というお決まりの言い訳をよくしますが、数学はロジカルシンキング（論理的思考）の練習でもあることをご存じでしょうか。ロジカルシンキングは、社会に出てからのほうが役立つ機会は多いのです。どれほど語彙が多かったとしても、**論理的に、相手が納得するように数字も織り込んで説明できる力がビジネスシーンでは求められます。**

単純な話で、子どもが「クラスのみんながこの鉛筆を使っているから自分も欲しい」と訴えてきた場合と、「クラスでは38人中26人、およそ7割がこの鉛筆を使っているんだよ」と説明してきた場合、どちらが説得力を持つでしょうか。

大人になって新しいアプリを開発しようと思ったとき、まず、このアプリを必要としている人が世の中に何%くらいいるのか、開発にかかる費用はいくらか、完成したあとの宣伝広告費にいくらかけられるのか、**すべて数字で考えていくと物事が整理され、直面している問題や克服すべき課題は何かが浮かび上がってきます。**

数字は、問題解決力や想像力の源にもなります。

数学は、◯か×かで答えの出る、△のない世界。あいまいな△を好む日本人こそ、数学的思考に親しんでおくのがベターです。

お金に強くなる方法

10

# よいメンターには
# お金をおしまない

**お金持ちの家庭が、なぜ、繁栄し続けるのか。考えたことがあるでしょうか。**潤沢な資産があるから、という答えはあまりにも短絡的《たんらくてき》です。よく、お金持ちほど生活はシンプルであると言われますが、それは、お金のかけどころを知っているからにほかなりません。見た目を華美《かび》に飾り立てるのではなく、本物の教育にお金をかけるからこそ、代々受け継がれてきた資産を守ることのできる人材が育つのです。

では、**本物の教育とは何か。それは、人として尊敬できる指導者との出会いを親がマッチングすることです。**同じ習い事をするのでも、「家から近くて通いやすいから」という理由だけで通わせるのと、「送迎は少し大変だけど、あの先生の指導を受けさせたい」というのとでは、結果に大きな差が出ることは明らかでしょう。

お金持ちの家庭では、高額なレッスン料を支払える経済的余裕があることも大きいですが、長年にわたって構築してきたネットワークから優れた指導者を探し出す能力に長《た》けていることも同じくらい大きなことです。

「うちには、そんな経済的な余裕はないから……」とおっしゃる方もいると思いますが、**アジアで勢いを増してきている中国、シンガポール、インドなどで10年先を見ながら子育てしている家庭の親は、子どもの教育費にお金をおしみません。**家庭教師の時給が1時間1万円でも2万円でも、その人でなければダメという理由があれば、親は自分の働く時間を増やしてでもお金を捻出《ねんしゅつ》します。

それほどのお金を支払ってまで、我が子の指導をお願いしたい優れた指導者とはどんな人か。それを知りたくなる気持ちはわかりますが、こればかりは子どもとの相性があるので一般論としての答えは難しいです。ただ、ひとつ言えることがあるとすれば、**子どもを対等な人間として認めてくれる人というのが最低条件**です。

僕自身、学校に通い、たくさんの習い事をする中で、パッと思い浮かぶだけで、人生を導いてくれるメンターと呼べる人との出会いが4つ5つありました。多くの人は、学生時代に人生を変えるような師との出会いは1回あればいいほうでしょうから、僕はとても恵まれた環境にいたのだと思います。もちろん、その陰には両親の努力があったことは言うまでもありません。

僕の人生に影響を与えたメンターは、誰もが人間的な魅力にあふれていました。子どもの言うことだからと適当にあしらうことはせず、どんなときも真摯《しんし》に向き合ってくれましたし、「レオのために」「レオだったら」という視点を常に持っていてくれたように思います。

日本人は、有名な○○先生から学ぶことで満足しがちですが、子どもに合った教え方や接し方でなければ、時間とお金のムダ使いとなってしまいます。

**テクノロジーがどれほど発展しても、人の心を成長させるのは人との出会いだけ。**技術だけ身についていてもそこに人間性が伴っていなければ、その道のトップに上り詰めることはできないと断言しておきましょう。

お金に強くなる方法 11

# 本だけはいくらでも買い与える

お金に対してシビアな我が家でも、本だけはいつでも買ってもらえました。とはいっても、図鑑などの大物はあらかじめ揃えてありましたし、父の書斎には床から天井までを埋め尽くす書棚があり、そこに行けばいくらでも本を読むことができました。ちょっと背伸びしなくては読了するのが難しい専門書からビジネス書、ライトな読み物まで、父の書棚にはたくさんの本が並んでいました。

僕の家にはテレビがなく、たびたびテレビを見たいと訴えましたが、そのたびに「そんな時間があるんだったら本を読め！」と一喝されたものです。

これもまたユダヤの家庭を例に出しますが、「学びの民」である彼らの自宅には、もれなく大型の書棚が備えられていました。

本のよさは、考えを巡らせながら自分のペースで読み進めていけること。途中で気になる記述があれば、いったん本を置いて調べてからいつでもそこに戻れること。

そして何より、何十年もかけてひとつの道を極めた人の人生が100ページや200ページに凝縮され、わずか1000円や2000円で読むことができるのです。

しかも、何度でも繰り返し読める。こんなにコストパフォーマンスのいいツールがほかにあるでしょうか。

本は幅広い知識を得るのにもうってつけです。いくらインターネットが発達し、知りたいことはすぐに調べられる時代になったとはいえ、知識を持つことは絶対に必要です。適切な検索ワードに時間をかけずに行き当たるには知識が物を言いますし、点と点をつなげる橋渡しの役割を果たすのも蓄えられた知識です。世の中の幅広い知識があるからこそ、この点をあの点と結びつけたら需要が生まれると想像することができるのです。

お金を生み出す新しいビジネスモデルも、点と点をつなげる幅広い知識があって初めて作り出せるものです。

ここに興味深い調査があります。オーストラリア国立大学とアメリカのネバダ大学の研究者たちが、２０１１年から２０１５年に31ヶ国、16万人に行った調査によると、**16歳のときに家に本が何冊あったかが、大人になってからの読み書き能力、数学の基**

**礎知識、ＩＴスキルの高さに比例することが明らかになった**のです。

調査によると、本がほぼない家庭で育った場合はテストの結果が平均より低く、冊数に比例してテスト結果がよくなったといいます。驚きなのは、**読書によって文系のスキルのみならず、数学やＩＴといった理系スキルまで伸びる**という点です。紙の本のすごさに、僕自身驚きました。

情報を得るならネットのほうが速いと思われるかもしれません。最新のニュースに限っていえばその通りですが、世の中全体を俯瞰《ふかん》してみるような場合やひとつのテーマを掘り下げたいときには情報のスピードは必要とされません。

日常では接点のない国の文化に触れたり、その国の人たちの考え方の一端に触れることで人間の幅は広がっていきますし、本の中では縦横無尽に旅することもできます。グローバルな時代にこそ、本は世界を知るアシストをしてくれることでしょう。

もし、子どもが本を読まないとお悩みなら、大人が本を読む姿を見せてください。そして、本から新しい知識を得ることの面白さを、さりげなく伝えていきましょう。

お金に強くなる方法

12

# 日本より熱量が高い海外に連れていく

「夢を持つことは絶対に必要」と、多くの大人が言います。もちろん、僕もそう思いますし、あなたも自分の子どもに「将来の夢は何？」と聞いたことが、一度や二度はあるでしょう。

しかし、ここで大きな問題があります。日本は夢を持ちにくい国だということを、考えたことがあるでしょうか？

僕はこれまで、教育現場の視察やそのほかのビジネス、あるいはプライベートで50ヶ国以上を訪れています。そこで確信したのは、日本は世界でもダントツで裕福な国であるということです。

「安全・便利・食事がうまい」。この三拍子が揃う国というのは本当に稀で、暮らしやすさという点で日本は世界トップクラスです。でも、グローバル人材の育成という視点からとらえると、喜んでばかりはいられません。

これほど居心地のいい国に暮らしていると、世界を視野に入れた夢を抱きにくいのはもちろんのこと、イノベーションを起こすようなビジネスを展開しようという気概も育ちません。特に何もしなくても、そこそこのお給料をもらって、安全で清潔な暮らしを維持しておいしいごはんを食べていけるのだから、当然といえば当然です。

しかし、終身雇用は崩壊の一途で、企業が社員の暮らしを一生涯保障してくれることはなくなり、幸せの基準が自分の好きなことでお金を稼ぐことに移り変わってきている時代に、**夢を持たないまま大人になることが幸せであるとは到底思えません。**

やはり、夢はあったほうがいいのです。

日本にいても夢が持てないなら、ほかの国に頼るしかない。つまり**海外に出ることが、将来につながる夢を抱かせるのに、いちばん手っ取り早い方法です。**

海外ならどこでもいいわけではなく、ベストな選択は、自国よりも文化が成熟している国です。日本で暮らす子どもたちの心に火をつけるだけの熱量がある国というと、**ニューヨークなどアメリカの大都市というのが最初の選択肢**となってくるでしょう。

ニューヨークは世界の経済の中心であり、そのスケールの大きさを知ることは子どもによい刺激を与えてくれます。ＩＴ関連ならシリコンバレーがおすすめです。

アメリカの田舎町もそうですが、日本よりも不便な場所へ行くと、自分が恵まれていることは理解できるかもしれませんが、より一層、日本から出たくなくなってしまうかもしれません。

「経済的に海外旅行なんてとんでもない！」と声をあげる方がいるかもしれません。しかし、今は格安航空券もありますし、日程や金銭的な事情でアメリカやヨーロッパへ行くのが難しいのであれば、**中国やシンガポールなどアジアでも勢いのある国へ行ってみるという選択肢もある**と思います。

それさえも難しいということであれば、休日に、今住んでいるエリアとはまったく異なる雰囲気の土地へ遊びに行ってみるなど、子どもに違う世界を見せる努力はしてあげてほしいと思います。

いずれにしても、いつもとは違う環境に身を置かないと、今に満足しすぎてしまって子どもの夢が花開かない。そんな危機感を持っていてください。

お金に強くなる方法

13

# ボランティア活動は必須

子どもの教育というとお金をかけることばかりに気を取られがちですが、無償で労働力を提供するボランティア活動が、これからの時代はマストです。

僕は日本とアメリカをだいたい3ヶ月おきに行き来していますが、日本にいていちばん強く感じるのが、日本人のボランティア精神の低さです。

大きな災害が起きたときにＮＰＯなどの団体が炊き出しなどを行ってはいますが、限られた一部の人だけが活動し、子どもも含めた社会全体でバックアップするような仕組みになっているとは言い難いのが現状です。

インターネットで「国内　ボランティア」で検索してみても、リストアップされるのは、マラソンなどスポーツイベントのボランティアスタッフというものが多く、社会貢献の意識がまだまだ低いことがうかがえます。

日本でボランティア活動というと、真っ先に被災地支援が思い浮かぶでしょう。確かに、困っている人々の力になることには意義がありますし、自らの意思でボランティアに参加するメンタリティは尊敬に値します。しかし、緊急性の高い被災地支援だけがボランティアではありません。

ボランティア活動が社会に根ざしているアメリカでは、地域の清掃から、食品ロスを集めて困っている人に分配するフードバンクの仕分け・配給、ホームレスにスープを配るスープキッチンなどにも学生のボランティアが参加します。裕福な家庭の子どもだけではなく、経済的にゆとりのない家の子どもでもボランティアに参加します。

ボランティア活動は大学入学の際の選考基準のひとつでもありますし、社会的地位が上がれば上がるほどボランティアも含めた社会貢献をしないと厳しいバッシングにさらされることもあり、アメリカでは必然的にボランティア精神が育ちます。

学校というコミュニティや自宅周辺の地域のコミュニティには限られた人だけが集《つど》いますが、**ボランティアに参加することで、自分の日常では接する機会のない人々と出会うことになります。**

屋根の下で食べるものにも困らない暮らしをしていれば、ホームレスの生き方を想像するのは難しいですが、実際に目の前にいる人々の表情を見て、少しでも会話を交わすことで、必ず何かを感じ取ります。

自分の日常とはかけ離れた生き方を好む人がいること、働く気持ちはあっても困窮する生活を立て直すことができないでいる人、いわれのない差別に苦しむ人々がいること。ボランティアを通じて見える世界はさまざまです。

ボランティア活動を通じて育った社会貢献の芽は、ビジネスにもつながっています。本来、**ビジネスは不便を便利に変えたり、日々の暮らしを快適にしたり、誰かを笑顔にするためにあるものです。**自分のスキルを社会に還元して、よりよい社会を構築するためのものです。

つまり、自分が住んでいる世界だけを見ていては、社会全体をよくしていくビジネスを生み出すことは難しいのです。一人でも多く、イノベーションを起こす人材を輩出するために、これからは日本でもボランティア活動が広がっていくことを期待し、信じています。

14

お金に強くなる方法

# お金がなくても頭脳があれば世界のどこでもサヴァイブできる

考える力。これは、人間の根幹を成すものです。勉強して知識を自分のものにしていくことにも必要ですし、人生をよりよく生き抜くためにも、広い視野で世界を見渡すためにも、すべてのカギは自分の頭の中にあるといえるでしょう。

ユダヤ人は「学びの民」とも言われますが、それは、迫害の歴史の中で、唯一、奪われずに持ち歩けるものは自分の頭脳だけという考えがその大本《おおもと》にあります。住む家を奪われ、慣れ親しんだ土地を追われ、**どれほど過酷な状況に身を置いていても、頭脳さえあれば生き延びることができる。**

現に、その姿勢を貫いてきたユダヤ人には多くの著名人がいます。ノーベル賞受賞者の3割はユダヤ人であると言われていますし、アインシュタイン、フロイト、マルクス、ドラッカーなどの学者や哲学者、繰り返しになりますが、フェイスブックの共同創業者マーク・ザッカーバーグ、スターバックスの創始者ハワード・シュルツ、グーグルの共同創始者ラリー・ペイジなど起業家にも、ユダヤ人は数多くいます。

それは、彼らが考えることに重きを置き、日々、考え続けてきたからです。ユダヤ人が2人いれば5人分の意見が出るとも言われるほど議論好きな人々でもあります。
日本の東京都の人口とほぼ同じ、1300万～1500万人しかいないユダヤ人がイノベーションを生み出せる秘訣は、頭脳にある。ここから、日本人も学ぶべきことが多くあるはずです。

## 「Think outside of the box」

これは、僕が主宰するグローバル人材の育成を目的としたNPO法人PYDの標語です。直訳すると**「箱の外を考えろ」**ですが、その意図するところは**「既存の枠にとらわれず、創意工夫して物事を考えよう」**ということです。

日本人は、学校、会社などに象徴される、壁で囲まれた世界の中ではうまく立ち回ることができますが、壁のない広い草原にポツンと取り残されたとき、身動きができなくなるような、そんな印象があります。

海で囲まれた日本列島の中にいる分には多くを語らなくても阿吽《あうん》の呼吸でわかりあえるものの、インターネットが普及した現代では海が障壁とはならず、どの国とも自由に行き来ができるようになると対応しきれない。その姿がもどかしく、常に箱の外を考える、今いる自分の場所とその外側にも目を向けることを意識してほしくて、「Think outside of the box」を標語にしました。

加速し続けるグローバル社会に向けて、この標語はますます意味を持ってくると思います。

お金に強くなる方法

15

# 「なぜ？」という問いを親子でぶつけあう

「なぜ、学校へ行くの？」
「なぜ、学校帰りに寄り道をしてはいけないの？」
「なぜ、男の子は赤いランドセルじゃいけないの？」

大人にとっては当たり前のことも、子どもは理不尽に感じたり、純粋に疑問として「なぜ？」と思うことがたくさんあります。

加えて、子どもは好奇心旺盛な生き物。「なぜ」という問いには、とことん付き合ってあげましょう。

えっ、忙しいときに限って、「なぜなぜ」としつこくてうんざりですって？　待ってください。このくらいは序の口です。

ユダヤの教育は、「なぜ」がベースです。自分たちの大切な教典や副読本「タルムード（Talmud）」に書かれていることすら、これは本当か？　と疑ってかかるのがユダヤ人です。そして、ひとたび「なぜ」と浮かんだ疑問は、決してそのままにはしません。自分なりに考えて、家族や知人にも議論を求めます。

ユダヤ人は小さな頃から「なぜ」のあふれる環境に身を置いているので、疑問について思考を深めるのは普通のこと。その結果、誰もが自分なりの考えを持っているため、議論も白熱することになります。わざわざ学校でディベートを学ぶ必要などありません。

**教育熱心なご家庭では、学校教育にもアメリカ式のディベートを取り入れるべきだと考えるかもしれませんが、ユダヤの家庭に習えば、それは家族の中でも十分行えます。**なんでもかんでも学校任せにせず、自分たちでできることはどんどん実践していきましょう。

受け身になって子どもの「なぜ」を待つのではなく、親から「なぜ」のタネを蒔くことも必要です。

「なぜ、学校の通学路は決まっているんだろうね」

「消費税が上がるっていうけど、本当に必要だと思う？」
「どうして日本には起業家が少ないんだろう」
**日常のふとした疑問から社会的なことまで、子どもにはまだわからないだろうなんていう決めつけはなしで、子どもの興味がない分野の話題も含めて、たくさん考える機会を与えましょう。**

テレビから流れてくるニュースを見たまま聞いたまま受け入れていたのでは、世の中の真実を知ることはできませんし、新たな発想も浮かびません。携帯電話の進化だって、「なぜ、海外では通話できないの？」というところから始まり、今ではインターネット環境のあるところならば世界中どこにいても無料通話ができるところまできました。**どんな発明もビジネスも、スタートには「なぜ」という疑問が必ずあります。**

小さな頃から、なんでも「なぜ？」の視点を持たせることが、社会を見る目を養いますし、ビジネスチャンスも生むのです。

お金に強くなる方法

16

# 夕飯時には
# ビジネスに欠かせない
# スモールトークの
# レッスンをする

**お金を生み出す力のあるビジネスエリートには、周囲を惹きつける〝愛される力〟が備わっています。**言ってみれば、「あの人と話してみたい」と思わせる人間的な魅力です。

そう考えると、いつもネガティブな話題ばかりで、ぐじぐじと文句が多いようでは、多くの人に敬遠されてしまいます。やはり、話題の豊富な人、博識で自分の意見を持っている人、そして、明るくポジティブな人に、人は魅力を感じます。

**日本人のビジネスパーソンと接していて、いちばん欠けていると思うのが、知性を感じさせる会話です。**本題に入る前の会話をスモールトークと言いますが、日本人はなぜ天気の話があんなに好きなのでしょう？　「ニューヨークは寒いですね」「今日は青空で気持ちがいいですね」。「そうですね」と相槌を打って次の話題を待っていても、そこから会話が広がることがほとんどありません。

「今年は例年になく寒いから、○○の売り上げがすごいようですね」などと会話が続けばスモールトークは盛り上がりますが、僕の経験上では、日本人ビジネスパーソンに次の話の展開は期待できないのです。

世界では、今なら「ビットコインはどう思う？」などのスモールトークがスタンダード。世界のトレンドについて、自然と会話が広がります。

ここで思うのは、やはり、日本人は社会への関心が低いのではないか、ということです。経済的にも発展し、周囲を海で囲まれた島国で、いわば守られた環境にあるので、社会的な危機感を持ちにくいのかもしれません。けれど、**今後、日本で働く外国人も増えていくでしょうし、グローバル化した社会に適応していくためには、もっと世界を広く見る視点と会話が欠かせません。**

直近の朝食や夕食の時間を振り返り、**親子でどんな会話をしたか思い出してみてください。**学校で起きた出来事に耳を傾ける時間ももちろん必要ですが、**社会に興味を向けるような会話がひとつでもあったでしょうか？**

親子で一緒に食卓に向かう時間は、顔を見ながらじっくり会話のできるとっておきの時間です。ここで、身につけた教養がいずれスモールトークで役立つのです。

スポーツの世界大会などが行われていれば、「なぜ、この国はこのスポーツが強いんだろう?」と話題を提供することで、ある国についての社会的背景などを知るきっかけができます。「ドイツは経済的には日本よりも下だけど、スポーツは強いね」などと親が会話を少しリードして、話の展開や考える方向性を示してあげてもいいでしょう。

オリンピックの時期なら、「日本は金メダル5個!」なんてニュースが騒いでいるところに、「なんで、日本は5個しかとれなかったんだろうね」と、わざと逆のことを言ってみると、子どもはテレビから流れるニュースをそのまま受け入れるのではなく、異なる物の見方があることを自然と学んでいくはずです。

勘違いしないでいただきたいのですが、突飛な発想を持てとか、人とは違う意見を持て、という話ではありません。もちろん、自分の意見によって相手を言い負かせることを目的としているわけでもありません。必要なのは、ディベート力ではなく、ディスカッション力です。そこをはき違えないでください。

お金に強くなる方法

# 17

# 世界を相手にしても怖気づかない教養を身につける

将来、自分の好きなことで稼げる大人にするためには、教養が欠かせません。教養というのは、勉強ができることではありません。ある事象に対して自分なりの考えを持ち、それを言葉として伝えられる能力を指しています。

学生時代はテストの点数や偏差値が物を言い、いい点数をとればそれがその人の能力と思わされてきました。

しかし、仕事をするようになったら、誰も点数での評価はしてくれません。契約がまとまれば仕事ができる人としての評価は高まるでしょうが、その契約を結ぶためには、その人の人間力が問われます。

ビジネスはテーブルをはさんで商談をするだけではなく、レセプションなどでの雑談力も問われます。

**日本人は、仕事はできても、教養がない。残念ながらこれが世界の共通認識です。**商談に入る前のほんの1、2分のスモールトークだけで、日本人の幼さが浮き彫りになります。実際、そのことをコンプレックスに感じていらっしゃる方もいるのではないでしょうか。

アメリカで出会った、日本では誰もが知る大企業の駐在員の男性がいました。彼の学歴や肩書は、日本ではエリートと称される部類に属します。けれど彼は、常に恐怖と戦っていました。

受験勉強しかしてこなかった自分の知識の底の浅さを、彼自身がいちばんよくわかっていました。スモールトークをはじめ、ビジネスランチなどウィットに富んだ会話が飛び交う場面で、自分の無知が露呈しないようにいつもビクビクしながら過ごしていました。

歴史の年号や人物の名前は知っていても、それが世界的にどう受け止められていて、宗教などの社会的背景とどう結びついているのか。一歩踏み込んだ話になるとついていけない。勉強に費やした時間は長くても、自分なりの解釈や考えを持ち込む視点が欠けていたからです。

**社会的には成功者と目されていても、いつも怯《おび》えていたのでは、幸せな人生とは言えません。**10年後、15年後、社会へと出ていく子どもたちには、どこで誰と隣り合わせても、常に堂々と振る舞えるような教養を身につけてから、社会に送り出してあげましょう。

仕事にまつわることに費やす時間は、身支度や通勤なども含めると1日の75％にもなるというデータもあります。

**教養は、人生の半分以上を費やす仕事で幸せを感じるために欠かせないスキルでもあるのです。**

お金に強くなる方法

18

# 最寄駅の駅員さんの名前を覚える、毎日あいさつを交わす

突然ですが、みなさんは誰とでも気軽にあいさつをしていますか？　顔と名前を知っているご近所さんはもちろん、マンションの管理人さんや清掃スタッフ、宅配便を届けてくれるドライバーさん、いつも行くスーパーマーケットのレジ係、最寄駅の駅員さん。**僕は、ここに挙げたすべての人にあいさつをしています。それもただあいさつするだけではなく、必ず相手の名前も呼び、「〇〇さん、おはようございます」と声をかけています。**

駅のスタッフの名前はすべて覚えていますから、こちらからあいさつするのはもちろん、改札を通るときには「レオさん、行ってらっしゃい」と気持ちのいいあいさつを受け取ることができます。電車の運行にトラブルがあれば、僕が聞く前に駅員さんのほうから「レオさん、今日は電車に遅れが出ていますよ」と教えてくれたりもします。

もちろん最初から、便宜を図ってもらおうと思ってあいさつをしていたわけではありません。でも、**名前＋あいさつを習慣にしていると、電車の例のように向こうから**

**情報を提供してくれたり、何かのときに優遇してもらったり、プラスに働くことが多いことを僕は実体験から学んでいきました。**

その最たるものが、バンカメ時代によく通っていたニューヨークのレストランです。そこは、そこそこ上品で、誰もが気軽に利用できる雰囲気のお店ではなかったので、僕より裕福なお客さんはたくさんいました。早い話、店にとって僕は、上客と呼べるレベルではなかったのです。

しかし、いつもの習慣で僕のテーブルを担当してくれるウエイターの名前をすぐに覚え（ネームプレートを見ればすぐにわかります）、オーダーをお願いするときも「○○さん、お願いします」と名前で呼びかけました。

そのウエイターにしてみれば、客から名前で呼ばれることなんて稀ですから、最初は警戒心を抱かれたりもしますが（笑）、あいさつに加えて一言二言会話を交わすうち、相手も僕の名前を覚えてくれて、二度目の来店からは親しみを込めて「レオさん、こちらの席へどうぞ」と、とてもいい席に案内してくれるようになりました。

客とウエイターが親しげに話していると、ほかのスタッフたちも気になるのでしょう。おそらく、バックヤードで「あの人、誰？」といった会話が交わされていたのだと思います（笑）。次第にほかのウエイターたちも僕に親切にしてくれるようになっていきました。

そうしてある日、僕は日本からの客人をこのレストランでもてなすことになりました。親しいウエイター氏に「今日は日本から大切なお客様が来ているからよろしくね」と耳打ちしたら、本当に気持ちのいいサービスを提供してくれました。

この本ではお金の大切さをメインに伝えていますが、お金では買えないものが世の中にはあること。**人間同士の心のつながりはお金よりも尊いことを、親は子どもたちに日頃の態度から示す必要があります。**

お金に強くなる方法

19

# 誰かの「面倒くさい」を解消するビジネスを考えさせる

僕の両親は何のツテもなく渡米し、アメリカの地で勉強を重ね、情報収集をし、苦労して事業を興《おこ》していましたので、私や弟に対してそれとはわからないように、経営者目線で世の中を見るように仕向けてきました。

そんな両親から学んだことのなかで、大切にしている教えが次のものです。

## 「お金のタネは、そこら中に転がっている」

ニューヨークは、冬になるとかなり雪が積もります。そんなとき、母は僕に雪かきを頼むのではなく、こうけしかけます。

「早く雪かきに行ってらっしゃい。今ならお金になるわよ」

この意味がわかりますか？　最初は無一文だった両親も事業が軌道に乗り、ニューヨークでもわりと裕福な人たちが住むエリアで暮らすようになっていました。そうです。母は富裕層の人が住む家の前を雪かきして、チップをもらえと言っているのです。

最初は自分の勘だけを頼りに、手当たり次第に雪かきをしていました。ところが、回数を重ねるごとに、富裕層のなかでも特にお金持ちの家は雪かきを外注している割合が高く、反対に、家計を切り詰めて暮らしを維持している家に行けば、「雪かきなんて必要ないよ」と追い払われてしまうことがわかってきました。

**人の役に立つサービスでも、需要のあるところに行かなければお金にならない**ことを学び、2、3人の友だちとチームを組んでだんだん効率よく家を回れるようになると、1日で4万～5万円稼げる日も出てきました。人と一緒に働くと、効率がよくなることを学びました。

喜び勇んで家に帰ると、母がさも当たり前のように、僕の手からお金をスッと引き抜きます。「えっ、どうして？」と、驚いて文句を言う僕に、「だってあなたは、この家で食べさせてもらっているでしょう？　これは、食費などの経費としてもらっておくわ」と、母はさらりと言ってのけました。

母にとっては、私さえもお金のタネです（笑）。こうして僕は、稼いだ分がすべて自分のものにはならないという、世の中の厳しい現実を教わりました。

しかし、母の教育のおかげで、何でもお金のタネになるという物の見方と実行力は身につきました。大学では親元を離れて寮生活を送っていましたが、何百人もの寮生がいるのに、洗濯機とドライヤーは各フロアに4つずつしかなく、時間のかかる洗濯機は毎日が争奪戦でした。

そこで僕は、洗濯代行を思いつきました。先輩の部屋を回って洗濯物を集めると、ランドリールームに陣取って洗濯機が空くのを待ちます。勉強道具は持ち込んでいるので、待ち時間に勉強もできてまさに一石二鳥です。洗濯機が空くたびに洗濯物を入れていき、最後には4つすべてを独占。そこにやってきた学生には「よかったら僕が洗濯しておくよ。5ドルでどう?」と持ちかけ、交渉がまとまれば、僕はランドリールームから一歩も動かずして新しい客をゲットできました。

**この2つの経験の共通点は、誰かの「面倒くさい」を解消したことです。そこに、お金のタネが潜んでいますし、小さなビジネスモデルも確立されています。**小さな頃の成功体験が、大人になったときの自信につながることは、簡単にイメージできるはずです。

20

お金に強くなる方法

# 今ある職業の47%が10年後は存在しないことを親自身が理解する

アメリカの大手証券会社ゴールドマン・サックスのニューヨーク本社には、2000年にはおよそ600人もの現物株式取引部門のトレーダーが在籍し、株の売買を手がけていました。それが、2017年時点ではたったの2人にまで減少。「人工知能ヘッジファンド」による株取引の自動化が進み、いなくなった600人近くのトレーダーの代わりを、200人のコンピューターエンジニアが「自動株取引プログラム」を運用することで務めています。

その一方で、新しく登場した分野もあります。その代表的なものが、「FinTech（フィンテック）」です。フィンテックというのは、金融（Finance）と技術（Technology）からできた造語で、アメリカで2000年代前半から使われるようになった言葉です。スマホでカード決済をしたり、カードや電子マネーの決済から自動で家計簿をつけてくれるアプリの登場などがそれです。

なくなるものがあれば、新しく生まれるものがあるのが世の常です。ニューヨーク市立大学教授のキャシー・デビッドソンは、ニューヨークタイムズ紙のインタビューで「2011年度にアメリカの小学校に入学した子どもたちの65％は、大学卒業時に今は存在していない職業に就くだろう」と予想していますし、オックスフォード大学のマイケル・A・オズボーン准教授の研究によると、今後10〜20年で約47％の仕事が自動化されるリスクが高いとされています。僕もこれらの意見には賛成です。

10年後、ＡＩに取って代わられる仕事は何か。そんな特集の雑誌や書籍が人気のようですが、10年前、誰が今の世の中を正確に予想できていたでしょうか？　世界のあらゆる情報は手元にあるスマホに集約され、自動化、キャッシュレス化も進んでいます。無料通話アプリ、婚活アプリなど、あらゆることがスマホ内のアプリで実行できたり完結し、ネットの世界ではユーチューバーと呼ばれる人々が活躍しています。その収入は、テレビで活躍する芸人やタレント以上とも言われています。

このような現実から考えていくと、10年後に残る仕事を予想し、そこを目指して何かを学ばせるよりも、**フィンテックのように点と点を結びつけて自分で新しい何かを生み出す能力を備えたほうが、お金を生み出す力としては強くなります。**

**これからは、自分の〝好き〟を仕事にしてお金を稼ぐ時代です。**角の取れた円《まる》い人間を育てるよりも、圧倒的な得意分野という名の角を持った人こそが求められ、得意分野を持つ者同士がプロジェクトごとにチームを組むなど臨機応変に形を変え、新しいものを生み出していくようになるでしょう。

子どもにどこでも生きていける力、お金を生み出す力を持ってほしいのであれば、世の中を取り巻く現状をまずは親がしっかりと理解し、船頭としての役割を果たしていくべきです。

21

お金に強くなる方法

# 子どもが夢中になっていることを絶対にさまたげない

**子どもはみんな、自分の〝好き〟を持って生まれてきます。** たとえその子の好きが多くの人に理解されなかったとしても、「人生にムダはない」と言われるように、**いつか役に立つ日がやってくる**でしょう。つい先日も、その自分の考え方が間違っていないと思わせてくれる方にお会いしました。

東京大学の西成活裕《にしなりかつひろ》教授は、長年、解明されてこなかった渋滞の謎を解き明かした「渋滞学」の専門家です。高速道路も工場の生産ラインも、渋滞が引き起こされる原因は共通していて、「前との距離を縮める」ことだと言います。

この発見のヒントは、子どもの頃に大好きだったアリでした。

「渋滞がなぜ起こるのか。誰も答えを見つけられずにいましたが、私はちっちゃい頃にアリが好きで、毎日飽きもせずにじーっとアリを見ていました。アリは、どんなに列が伸びていても渋滞で止まることがない。この地球に2億年以上生きているアリからヒントをもらい、前との距離を詰めなければいいという答えにたどり着きました」

先生が、〝急がば回れ〟は正しい、とおっしゃっていたのが印象的です。

研究した結果、ちゃんと車間距離を取っていれば渋滞は起こらない。でも、車間距離が空いていれば割り込んでくる人がいて、割り込まれた車の人はブレーキを踏む、そのブレーキが次のブレーキにつながって……そして渋滞が起こる。2億年以上前からこの地球上で生存していたアリの世界には、生き延びるための秩序が備わっていた、というわけですよね。

こんなふうに、**小さい頃の何が大発見につながるかはわかりません。子どもが周囲の声も耳に届かないくらい夢中になっているときには、可能な限り、見守ることに徹することが最良**であることを西成教授が教えてくれています。

僕自身もかつて、漫画『キャプテン翼』にのめり込んだ時期がありました。片道1時間の通学路を歩きながら翼になりきって、シュートを打ったりしていましたから、周囲からは変な目で見られていたかもしれませんね（笑）。でも、アメリカには「世間体」に当てはまる言葉もありませんし、僕自身、当時はまったく気になりませんでした。『キャプテン翼』には人生のすべてが凝縮されています。決してマネのできない人間離れした技に何度もトライしては失敗し、自分の限界も教えてもらいました（笑）。それは半分冗談としても、あきらめない気持ち、仲間を信じること、夢に向かって努力すること、人生のステージが上がっていくたびに共感するストーリーが移り変わり、何度でも、何年でも、漫画の世界を楽しむことができました。

それほど読み込んでいた僕ですから、次第に作者の高橋陽一先生が「あ、今回はスパイクの裏側を描くのに手を抜いたな」とか、それこそ重箱の隅をつつくように、細かい点にまで気がつくようになっていったのです。

この実体験から僕は、誰がどこに注目しているかわからないから、**どんなときでも絶対に100%で取り組もう**と決意しました。バンカメ時代、**どんな境遇にあってもあきらめることなく、顧客の利益最優先のスタンスで全力を注げたからこそ、最年少にして営業成績ナンバーワンにもなれました。**

**夢中になったものから派生して身につけた能力が光り輝くときがいつか必ず訪れます。**子どもが何かに夢中になっているときは、その対象がなんであれ、その夢中な時間を存分に楽しませてあげると、その子の個性がより際立つことでしょう。

お金に強くなる方法

# 22

# 通知表なんてどうでもいい。得意分野をとにかく伸ばす

日本の教育は、まんべんなくなんでもできる、すべての教科において平均点以上を求めます。通知表の「もう少しがんばりましょう」に◯がついていたら、平均点まで引き上げるように塾通いをしたり、スポーツ系なら特訓をしたりするでしょう。

でも、将来につながる才能を伸ばしたいなら、下よりも上を見たほうがいいはずです。もちろん、その時期に苦手を克服することで、その子にとって精神的な成長が果たせるなど、親の目から見て別の要素があるなら別ですが、もし僕ならば、苦手なことに時間を割くよりも、得意なことに時間を使うほうを選びます。

だって、考えてもみてください。あなたのお子さんが運動が苦手で、走るのはクラスでも遅いほうだとします。運動会は1ヶ月後。プロの指導者にお金を払って特訓をしますか？　ＤＶＤや無料動画を見て毎日公園でダッシュしますか？　それは、子どもも本人の希望ですか？

1ヶ月の練習の成果でタイムが0・5秒縮まったとしましょう。それで、クラスの平均に近づきましたか？　順位がひとつ上がりましたか？

あるデータによれば、小学校高学年男子の100メートル走のクラス平均は16〜19秒くらい、いちばん速い子で14秒を切るかどうか。遅い子で21秒くらい。

クラスでいちばん速い子と遅い子を比べれば7秒ほど、平均値と遅い子の間で2〜5秒くらいの差はありますが、そもそも比べることに意味なんてないですし、その2秒とか5秒とか7秒で、人生に何か影響しますか？

ダントツでビリになったらかわいそう。そう思うなら、**ビリになったことを笑い飛ばせるメンタルを育てる**ことを考えてあげたほうが、よっぽど強い人間が育ちます。

得意分野を伸ばすといっても、運動が得意な子はいっぱいいます。その地域でちょっと目立つくらいでは、プロにすらなれないのが現実です。じゃあ、才能を伸ばす理由はなんなのだといったら、**得意なことと好きなことが融合したときに、それがその子の圧倒的な個性になる**からです。たどり着きたい場所は、ここです。

サッカーが得意で、ファッションが好きな子がいたら、サッカーのユニホームの生地やデザインの道を選択する可能性が出てきます。サッカーが得意で、物作りが好きな子なら、サッカーボールの材質に興味を持つかもしれません。ただ物作りが好きでボール製造に携わるより、自分自身がプレイヤーとしての経験があったほうが強みになります。

友だちと遊ぶより一人で本を読むのが好きな子の親は、将来、子どもがコミュニケーションで苦労すると心配するかもしれません。しかし、〝好き〟は人を呼び寄せます。同じく読書好きな子と仲よくなる機会が必ずあるでしょうし、読書で培《つちか》った幅広い知識や専門知識を活かせる分野と出合ったとき、それが圧倒的個性となって仕事に結びつく可能性も秘めています。いらぬ心配をするよりは、とことん本を読ませてあげることが才能を磨くことにつながります。

# Chapter. 2

# 世界で活躍する子どもに育てる

世界で活躍する方法

23

# 「日本はアジアのトップ」その考えをまず捨てよ

日本がバブル景気に沸いていた１９８９年の「世界時価総額ランキング」（１２９ページ）を見ると、トップ50のうち、トップ５に日本企業が名を連ね、全体の32が日本企業で埋め尽くされていました。ところが、２０１８年のランキングでは、トップ10に入っているのはアメリカと中国の企業で、日本企業はかろうじて42位にトヨタ自動車の名前が見られるだけ。同じアジアでも、中国、韓国、香港、台湾のほうが日本より上位にランキングされています。

これまで、日本人にはアジアのトップであるという誇りがあったと思います。と同時に、過去の栄光にあぐらをかいていたのも事実でしょう。確かに、日本人は勤勉で礼儀やマナーといった点でも民度は高く、世界に肩を並べるレベルだと思います。

しかし、世界における日本の経済力や国力は、かつてのそれと同じではありません。バブル崩壊で日本経済が失速し、〝失われた10年〟が20年、30年と長引く間に、アジア各国は力をつけ、人々の生活を変えるイノベーションを起こしたアマゾン・ドット・コムやマイクロソフト、アップルというＩＴ関連企業が世界のトップを占めるようになったのです。

日本がＩＴの分野でどれほど世界から後れを取っているか、このランキングを見れば一目瞭然。このままの流れが続けば、日本がアジアの4位や5位と世界に認識される日も近いでしょう。この現実を前に、日本人はもっと危機感を持つべきです。

それなのに、テレビをつければ、「日本の商品は世界に誇るべきすごいものだ」とか、「日本の職人の技術は世界最高峰」といった日本礼賛番組のなんと多いことでしょうか。このような番組を見て、日本はやっぱりすごいんだ、などと安心していたら大間違いです。

これからのＩＴ時代を生き抜き、自分の好きなことを仕事にして稼ぐためには、日本企業はアテにならない。それは、左ページのランキングを見ればすぐにわかることです。自分のやりたいことを実現するには、国を問わず、自由に企業を選べるような思考とスキルを身につけさせてること。それが、10年後の社会に子どもを送り出す親としての務めであると、しっかり認識してください。

## 1989年
## 世界時価総額ランキング

| 順位 | 企業名 | 時価総額（億ドル） | 国名 |
|---|---|---|---|
| 1 | NTT | 1,638.6 | 日本 |
| 2 | 日本興業銀行 | 715.9 | 日本 |
| 3 | 住友銀行 | 695.9 | 日本 |
| 4 | 富士銀行 | 670.8 | 日本 |
| 5 | 第一勧業銀行 | 660.9 | 日本 |
| 6 | IBM | 646.5 | 米国 |
| 7 | 三菱銀行 | 592.7 | 日本 |
| 8 | エクソン | 549.2 | 米国 |
| 9 | 東京電力 | 544.6 | 日本 |
| 10 | ロイヤル・ダッチ・シェル | 543.6 | 英国 |
| 11 | トヨタ自動車 | 541.7 | 日本 |
| 12 | GE | 493.6 | 米国 |
| 13 | 三和銀行 | 492.9 | 日本 |
| 14 | 野村證券 | 444.4 | 日本 |
| 15 | 新日本製鐵 | 414.8 | 日本 |
| 16 | AT&T | 381.2 | 米国 |
| 17 | 日立製作所 | 358.2 | 日本 |
| 18 | 松下電器 | 357.0 | 日本 |
| 19 | フィリップ・モリス | 321.4 | 米国 |
| 20 | 東芝 | 309.1 | 日本 |
| 21 | 関西電力 | 308.9 | 日本 |
| 22 | 日本長期信用銀行 | 308.5 | 日本 |
| 23 | 東海銀行 | 305.4 | 日本 |
| 24 | 三井銀行 | 296.9 | 日本 |
| 25 | メルク | 275.2 | 米国 |
| 26 | 日産自動車 | 269.8 | 日本 |
| 27 | 三菱重工業 | 266.5 | 日本 |
| 28 | デュポン | 260.8 | 米国 |
| 29 | GM | 252.5 | 米国 |
| 30 | 三菱信託銀行 | 246.7 | 日本 |
| 31 | BT | 242.9 | 英国 |
| 32 | ベル・サウス | 241.7 | 米国 |
| 33 | BP | 241.5 | 英国 |
| 34 | フォード・モーター | 239.3 | 米国 |
| 35 | アモコ | 229.3 | 米国 |
| 36 | 東京銀行 | 224.6 | 日本 |
| 37 | 中部電力 | 219.7 | 日本 |
| 38 | 住友信託銀行 | 218.7 | 日本 |
| 39 | コカ・コーラ | 215.0 | 米国 |
| 40 | ウォルマート | 214.9 | 米国 |
| 41 | 三菱地所 | 214.5 | 日本 |
| 42 | 川崎製鉄 | 213.0 | 日本 |
| 43 | モービル | 211.5 | 米国 |
| 44 | 東京ガス | 211.3 | 日本 |
| 45 | 東京海上火災保険 | 209.1 | 日本 |
| 46 | NKK | 201.5 | 日本 |
| 47 | アルコ | 196.3 | 米国 |
| 48 | 日本電気 | 196.1 | 日本 |
| 49 | 大和証券 | 191.1 | 日本 |
| 50 | 旭硝子 | 190.5 | 日本 |

米ビジネスウィーク誌（1989年7月17日号）「THE BUSINESS WEEK OF GLOBAL 1000」より

## 2018年
## 世界時価総額ランキング

| 順位 | 企業名 | 時価総額（10億ドル） | 国名 |
|---|---|---|---|
| 1 | アマゾン・ドット・コム | 840.405 | 米国 |
| 2 | マイクロソフト | 801.209 | 米国 |
| 3 | アップル | 784.811 | 米国 |
| 4 | アルファベット | 779.690 | 米国 |
| 5 | バークシャー・ハサウェイ | 508.485 | 米国 |
| 6 | フェイスブック | 475.732 | 米国 |
| 7 | アリババ・グループ・ホールディング | 433.344 | 中国 |
| 8 | テンセント・ホールディングス | 417.984 | 中国 |
| 9 | ジョンソン＆ジョンソン | 356.918 | 米国 |
| 10 | JPモルガン・チェース | 344.180 | 米国 |
| 11 | エクソン・モービル | 310.253 | 米国 |
| 12 | 中国工商銀行 | 304.743 | 中国 |
| 13 | バンク・オブ・アメリカ | 279.410 | 米国 |
| 14 | ウォルマート | 278.411 | 米国 |
| 15 | サムスン電子 | 276.273 | 韓国 |
| 16 | ネスレ | 271.048 | スイス |
| 17 | ビザ | 271.016 | 米国 |
| 18 | 中国建設銀行 | 263.046 | 中国 |
| 19 | ユナイテッドヘルス・グループ | 259.942 | 米国 |
| 20 | ロイヤル・ダッチ・シェル | 258.576 | オランダ |
| 21 | ファイザー | 245.381 | 米国 |
| 22 | P&G | 241.327 | 米国 |
| 23 | ロシュ・ホールディング | 236.150 | スイス |
| 24 | ウェルズ・ファーゴ | 230.231 | 米国 |
| 25 | ベライゾン・コミュニケーションズ | 227.509 | 米国 |
| 26 | ノバルティス | 227.318 | スイス |
| 27 | シェブロン | 219.070 | 米国 |
| 28 | ボーイング | 218.988 | 米国 |
| 29 | AT&T | 218.777 | 米国 |
| 30 | マスターカード | 218.054 | 米国 |
| 31 | インテル | 215.056 | 米国 |
| 32 | チャイナ・モバイル | 214.800 | 香港 |
| 33 | シスコ・システムズ | 212.614 | 米国 |
| 34 | ホーム・デポ | 207.302 | 米国 |
| 35 | コカ・コーラ | 204.866 | 米国 |
| 36 | 台湾・セミコンダクター・マニュファクチャリング | 195.100 | 台湾 |
| 37 | メルク | 193.546 | 米国 |
| 38 | ペトロチャイナ | 190.287 | 中国 |
| 39 | 中国平安保険 | 186.523 | 中国 |
| 40 | 中国農業銀行 | 182.104 | 中国 |
| 41 | オラクル | 180.271 | 米国 |
| 42 | トヨタ自動車 | 179.208 | 日本 |
| 43 | HSBC・ホールディングス | 171.228 | 英国 |
| 44 | 中国銀行 | 167.400 | 中国 |
| 45 | ウォルト・ディズニー | 166.017 | 米国 |
| 46 | コムキャスト | 165.514 | 米国 |
| 47 | LVMHモエ・ヘネシー・ルイ・ヴィトン | 160.948 | フランス |
| 48 | ユニリーバ | 160.669 | 英／蘭 |
| 49 | ペプシコ | 159.041 | 米国 |
| 50 | シティグループ | 157.420 | 米国 |

World Stock Market Capitalization Ranking 2019「世界時価総額ランキング」（2019年1月末現在）および「180.CO.JP」より引用

世界で活躍する方法

24

# プログラミングはIT分野を超えた必須スキル

日本では今、プログラミング教室がとても人気です。決して安くはない月謝を払い、子どもを教室に通わせている方も多いのではないでしょうか。しかし、その月謝を意義のある投資にするためには、残念ながら、プログラミングを習っているだけでは不十分です。

２０２０年からは、公立小学校でもプログラミングが必修化されるなど、国を挙げてＩＴに強い人材の育成に力を注いでいるかのように感じますが、間違ってほしくないのは学校でプログラミングの成績が優秀であっても生き残っていけるとは限らないという事実です。

確かにこれからの産業の中心は間違いなくＩＴです。ＩＴの世界で活躍できる人材になることは、自分らしく、また世界のあらゆる場所で生きていく上で、外国語習得と同様に大前提です。

Facebook、Apple、Google、Amazon、最近ではUberやAirB&Bなどのようにビジネスのゲームチェンジャーといえるようなイノベーションを起こす企業は、世界でもトップレベルの超優秀なエンジニアやプログラマを大量に雇用しています。

しかし、こうしたプログラミングだけで圧倒的な高収入を得られる人材というのは、野球でいえばメジャーリーガー、しかも、オールスターに毎年出場し、野球殿堂に入るような特殊な才能の持ち主であって、もともと持っている素養が普通の子どもとは明らかに違います。

日本ではものづくりが尊《たっと》ばれる文化から、システムやアプリが自分の手で作れるプログラマをたくさん育てようという考え方が受け入れられてしまいがちです。

お父さんお母さんも、自分の子どもが将来ＩＴ社会でＡＩに仕事を奪われずに生き残るにはどうしたらいいかと考えると、プログラミングができたほうがいいからと、なんとなくプログラミングスクールに通わせてしまっているのが現状ではないでしょうか。

しかし、せっかくプログラミングを学ばせるのであれば、親がもっと明確なビジョンを持って学ばせることが大切です。

アメリカ、シンガポール、インドなどＩＴ先進国では単なるプログラミングだけでなく、その先にある**「ＳＴＥＭ（ステム）教育」**が主流となっています。

ＳＴＥＭ教育というのは、Science（科学）、Technology（技術）、Engineering（工学）、Mathematics（数学）の頭文字を取った言葉で、**各分野を単一で学ぶのではなく、これからのＩＴ中心社会において重なる部分の多いこれらの分野を横断的に学ぶ教育**を指します。

プログラミングを「作るための技術」としてとらえるのではなく、そうした分野が関連し合ってコンピュータのソフト、ハード、ネットワーク、ＡＩなどが機能していることを学び、プログラマではなくても、社会のさまざまな課題を解決したり、ニーズに合わせたサービスを発想し、普及させるための共通言語としてプログラミングをとらえるというのがＩＴ先進国でのスタンダードになっています。

さらに、最近ではＳＴＥＭにアート（Art）のＡを加えた**「ＳＴＥＡＭ（スティーム）教育」**が台頭してきています。

20世紀には科学技術に対する過度な期待や誤った使い方によって環境汚染、温暖化、食糧難などが起きてしまいました。このことからも科学技術を批評的に見る目を養うためにも芸術は必要ですし、ロボットやコンピュータと人間が共存する社会を実現するには、美観や感触など人間の感性にフィットするデザインも必要になってきます。これがＳＴＥＭだけでなくＳＴＥＡＭが重要視されている理由です。

繰り返しになりますが、**プログラミングは単なる「作るため」のスキルではなく、複雑化していく社会に流されず、多様な価値観や能力を持った人たちとコミュニケーションしながら、社会を前進させていく上で必須なスキル**なのです。

お子さんが、ロボットやゲームを作ることが楽しんでうまくできれば、もしかしたらスーパーエンジニアの素養があるかもしれません。

でも、うまくいかなかったとしても、たまたまそういうテーマに興味が見い出せなかっただけかもしれません。

プログラミングの世界は広く奥深いので、たとえ教室で結果が出なかったとしても一《いっ》喜《き》一《いち》憂《ゆう》せず、また違う教室に行ってみるのもひとつの手です。いずれにしても、少し長い目で見て、プログラミングに触れさせるのがＳＴＥＡＭが身につくいちばんの近道ともいえます。

日本ではまだ体系的にＳＴＥＡＭ教育を学べる場はほぼありません。でも、その準備は少しずつ進んでいますので、プログラミングを習っているなら、科学や芸術の分野にも親しむ機会を多くつくり、ＳＴＥＡＭ教育の素地を養ってあげることが必要です。

アメリカやシンガポールはＳＴＥＡＭ教育先進国ですが、世界的に見ればまだまだ少数派。世界という軸で見れば、ＳＴＥＡＭ教育はマラソンがスタートを切ったばかりの団子状態にあり、中盤に差しかかる５年後に差は歴然とし始め、ゴール間近の10年後には世界の中での差がはっきりしてくるでしょう。

そのとき、日本が先頭集団から置き去りにされないように、国まかせにはせず、日本のお父さんお母さんが社会を牽引《けんいん》するくらいの勢いでＳＴＥＡＭ教育を推し進めていってほしいと思います。

世界で活躍する方法

25

# 0歳からスマホを使わせる

すべてのヨーロッパ人に当てはまるわけではありませんが、「グラス1杯くらいのワインなら10代の頃から親と一緒に飲んでいた」という話をたびたび耳にします。禁止されてこなかった分だけお酒に対する渇望感がないので、このように育ったヨーロッパ圏の人々は、成人してからもお酒と適度な距離を保って付き合っていけます。

対してアメリカでは、飲酒に関する法律が厳しく、21歳の誕生日まで親も絶対にお酒を飲ませません。すると、飲み方を知らない上にお酒に対する渇望感は高まる一方で、社会人になって親元から離れた途端、バカみたいに飲むようになります。

もちろん、10代から酒を飲めと推奨しているのではなく、これはあくまでも、規制するとその反動が大きいということのたとえです。

「スマホやゲーム、パソコンは何歳から使わせるのがいいか」。子育て中の方を対象とした講演会では、たびたびこの質問を受けます。極端なことを言えば、落としてケガをしないかなど安全性さえ確保されていれば、0歳からスマホに触らせたって構わないでしょう。だってそうじゃないですか？　ダメと言ったって、世界はもう動いているんです。10年前に戻ってスマホをないものにはできません。

結論として、**スマホとゲーム、日本の親が禁止したい２大デジタル機器については、すでにイエスかノーかの問題ではなく、どうコントロールするかの問題なのです。**「平日は1時間、休日は2時間までね」「宿題や明日の準備など、やることを全部やったらね」「夕食の前までね」など各家庭でルールを決めておけばいいだけではないでしょうか。もちろん、使いたいだけ使わせるのも、それが親のポリシーであれば、構わないでしょう。

今、**世の中にある便利なものには、なるべく早く触れさせたほうが、扱い方も学ぶし、変な執着も生まないだろう**というのが僕の考えです。それに、スマホの進化の速度を思い返せばわかる通り、この10年で世の中はガラリと変化しました。ＳＮＳで誰もが簡単に世界にメッセージを発信でき、世界中のどこにいても無料で通話が楽しめるようにもなりました。テクノロジーは止められないのだから、それとどう共存していくかを模索するほうが建設的です。

また、別の角度から見ても、0歳からスマホに親しんでいる子と5歳でデビューした子の差を埋めるのは、すでに難しい時代に入っているともいえるのです。10年後、20年後を生きていく子どもたちは、今とはまったく異なる世の中で仕事をしないといけない。その想定のものと、今から準備をしないと間に合わないのです。

ゲームなどは特に、周囲に影響されて欲しがっても、いざ手にしてみたらそれほどハマらない子もいれば、のめり込む子もいます。その差こそが、その子の個性。何に興味があって、どんなゲームが得意か、というところから、その子の特性や得意分野がわかります。

もし、ルールを決めても子どもが無視したり破ったりするのは、親がリスペクトされていない証。親子関係の見直しが急務ですし、一緒にゲームに取り組んでみることで、新たな親子関係が生まれるかもしれません。

世界で活躍する方法

26

# ささいなことでも
# すべて子どもに
# 決断させる

いい大学からいい企業へと就職することが幸せ。そのロールモデルが崩れ始めていることを、多くの人が気づき始めていますよね。いい大学、いい会社が人生のゴールだと教えられてきた世代の親は鼻高々で幸せかもしれないけど、その子自身が幸せと感じているかといったら、疑問です。

大学全入時代を生き、学力では評価せず、個人の資質を入学の基準とするＡＯ（アドミッション・オフィス）入試がスタンダードとなる世の中を迎えようとしている今、いい大学はその人の学力の指標にすらならなくなってきています。

同様に、働き方も多様化し、いい企業に就職することよりも、やりがいを求める生き方が主流となることは容易に想像がつきます。現に、今も多くの大企業が若者の離職率の高さに頭を悩ませています。

「この仕事が嫌いなわけではない。だけど、もっと自分のやりたいことはほかにある」

「大きなプロジェクトを率いるよりも、現場で自分の実力を試したい」

大企業を辞めて、知名度も給料も低い会社へ転職していく若者が後を絶たないという話をあちらこちらで耳にしますし、講演会などで多くの学生と接する中でも、肩書より自己実現を重視する風潮が広がってきていることを肌で感じています。

僕は「どうして、バンク・オブ・アメリカを退社したの？」とよく聞かれます。そもそも最初から、生涯、ひとつの会社で勤め上げるという発想を持っていませんでしたし、会社員としての時間を過ごす中で「会社のためよりも、誰かのために働きたい」という思いが強くなっていったというのもあります。まぁ、銀行員時代も会社の利益よりお客様の利益最優先の姿勢でしたので、会社のために働いていたかどうかは疑問ですが（笑）。

僕のケースで言えば、バンク・オブ・アメリカに在籍中にＮＰＯを立ち上げ、その後退社。自身の体験から学んだことを講師として多くの方に伝えることで社会に還元し、また、お世話になった日本への恩返しがしたくてＮＰＯの日本支社を立ち上げました。

**僕の人生は、すべて僕の決断によるものです。自分でやりたい、やろうと決めたことだけが身の回りにあるので、ストレスはゼロです。**もちろん、トライ＆エラーを繰り返して難航することもありますし、思うように進まないこともあります。でも、すべて自分の決断によるものだから、毎日ハッピーで、毎日スマイルです。

つまらないことに思えるかもしれませんが、二日酔いで頭がガンガンする朝でも、自分でしたことの結果だからイライラもしないし、後悔もありません。なぜなら、昨夜の自分はこうなることも想定して飲むと決めたから。

**どんな些細なことでも、自分で考えて決めたことの結果だと思えば、すんなり受け入れられるし、誰かのせいにするというネガティブな思考も近寄ってきません。**

小さな頃から、それとは気づかない親の敷いたレールの上を走らされ、本心よりも大人の顔色をうかがって答えを出すことを優先するのが当たり前になると、自分の意見は何も言えず、自分の人生を生きられない大人になってしまいます。

社会も自分もいい会社に入ることこそが幸せと信じて疑わなかった時代はまだマシだったでしょうが、これからの社会は自分のしたいことをしてお金を稼ぐ時代です。多様な生き方が受け入れられるようになった世の中で、自分で考えて自分の道を生きられない人の挫折感は、想像しただけで胸が苦しくなります。

世界で活躍する方法

27

# 圧倒的個性を身につける

かつて、日本には職人という各分野のスペシャリストがたくさんいました。そこから、ゼネラリストを育てようという方針のもと、なんでも器用にこなす八方美人タイプの人が増えていき、そしてまた時代はめぐり、スペシャリストが求められるように変化してきています。**全教科で平均点以上をとることよりも、何かひとつ、ずば抜けて得意なものがある人のほうが、将来的に専門性の高い職業に就くことができ、どこかで拾ってもらえる確率が高くなります。**

なんでも平均的にまんべんなくできる人材は、グローバル化した世の中で求められていないことは、アメリカの大学の合格基準からもわかります。世界の大学ランキングで常にトップ10に入る**ハーバード大学（日本人はハーバードが好きなようですが、２０１９年のランキングでは６位）には、入試で高得点をマークしただけでは合格できません。**アメリカの大学では、互いを刺激しあって全体を発展させていく「多様性」を創り出すことが重要な役割と考えているため、**その子の中に輝く個性があるかを最重要視します。**高校生までにどんな活動をし、人にはないどのようなことができるのか、本人の資質をしっかりと見極めます。

もっといえば、出身大学名が物を言う時代もすでに過去のものです。アメリカでは大学ランキングトップ10に入るような名門大学は別として、大学名を名乗る機会はほとんどありません。

その代わりに会話によく登場するのが「GPA（Grade Point Average）」といって、取得した科目の点数で、どこの大学でも共通して重視される成績の指標です。1科目の成績を4点満点（0〜4の5段階）で評価し、その平均点がGPAです。

「俺、GPAが3・6」と言えば、大学中にかなり勉強に打ち込んだのだなということがわかります。就職においても、大学を卒業したかどうかより、在学中のGPAとインターンシップやボランティア、仕事の経験が問われます。要するに、学歴より経験値が重視されます。

日本でも最近は、外資系の企業の就職試験でGPAが問われるそうです。**社会全体が学歴より実際の経験値やパフォーマンスを問う時代になっているの**です。

何者か、から、何ができるか、へ時代は移り変わっているからこそ、圧倒的個性が物を言います。

**圧倒的個性を身につけるためには、**繰り返しの説明になってしまいますが、**その子が夢中になれるもの、没頭できることの邪魔をしない。**これに尽きます。間違っても「そんなことの何が楽しいの？」とか、「そんな将来の役に立たないことに時間を使ってないで勉強しなさい」などと、頭から否定するような言葉をかけることだけは絶対にしてはいけません。

あなたが賢い親であるのならば、より理解が深まるような体験ができる場所へ連れて行ったり、関連書籍を購入するなどして、夢中や没頭が圧倒的個性に育つようにさりげなくバックアップをしてあげることです。

世界で活躍する方法

28

# 日本的な横並び教育から一刻も早く脱出する

基本を徹底的に身につけさせる。これは、日本で教わるどのスポーツにも共通するのではないでしょうか。特に小学生くらいまでは基礎的な技術を身につけることが大切だと僕は考えているので、アメリカのサッカーチームで日本式の〝型〟を教えるような指導をしていると、必ず親からクレームがきます（笑）。「うちの子の個性を奪わないで」「うちの子の自由をどう考えているの！」というのが、アメリカで暮らすママたちの言い分です。

でも、日本式の指導を取り入れてはいますが、基本にこだわることは絶対にしません。というのも、基本にこだわりすぎると今度は型から外れることができなくなり、みんな同じ動きしかできなくなってしまうのです。ある程度、基本が身についたらそれ以上は教えない、引き際を間違えなければその子の個性を潰すことはないのですが、どうやらその発想が日本のスポーツ教育の現場にはまだないようです。

僕はバスケットボールもやりますが、日本の私立大学のニューヨーク校のチームと対戦したときに、みんな同じドリブルをすることに驚きました。シュートの打ち方も、シュートまでの展開もパターン化されていて、すぐに攻略法が見つかったという点では僕のチームにとってはよかったですが……。

実はこれ、ビジネスの世界でも同じです。日本企業との取引では、会議の出席者だけでは意思決定ができず、「ひとまず今日は持ち帰って……」というお決まりのパターンになることは、多くのビジネス書にも書かれています。

ビジネスでもスポーツの世界でも、みんな日本のやり方がわかっていて、完全に読まれてしまっているのが現状です。

基礎がある程度身についたら、そこからは「こういうやり方もあるかな？」と自分で考えるプロセスに入れるといいのですが、**日本人は真面目すぎるのか、基礎を徹底的にやり込んでしまう**のです。その手法の弊害は、基礎がよくできる人ほど優秀だと判断されてしまう点です。その結果、ほかの人とちょっとでも違うところがあると不安になり、どんどん個性が消される方向へとベクトルが向いてしまいます。

僕はサッカーのコーチで、選手の個性を引き出す方法を考えました。ドリブルの最中に簡単な計算をさせたり、クイズをしながら練習をさせたのです（「1＋3－2は？」

とか「赤と黄色を足すと何色？」とか）。

すると、右脳と左脳が刺激されることで、クリエイティブな思考ができる選手が増えていきました。

このように応用的な指導ができるかが、個性を引き出すためには重要です。

よい指導者のもとで学ぶことができればいいですが、日本の場合は教える人も日本人であるケースが多いので、個性を大切にした指導を受けるのは難しいかもしれません。そうであるならば、外国人指導者を探すのも一案でしょう。

なんでもみんなと一緒のほうが親としても安心などと言っていないで、その子らしさを引き出すサポートをぜひしてあげてください。

世界で活躍する方法

29

# 自然と触れ合い、体にエネルギーを入れるアーシングのすすめ

遊びの中に、学びがある。よく遊んだ子どものほうが、最終学歴がいい。頭のいい子の親は、小さな頃は何よりも遊びを大事にしていた。多くの研究者が、遊びの重要性を指摘しています。僕も、その通りだと思います。

遊びを通して夢中になってやりきる体験を重ねると、それが自己肯定感の土台となります。複数人で遊ぶことで、コミュニケーション能力が培《つちか》われます。

未就学児から小学校低学年あたりまでは、運動が得意ではない子でも、走り回ったり、ボールを投げたり、外で体を動かすことを好みます。ほとんどの子が一日中室内にいたらフラストレーションが溜まって爆発するでしょうし、外に出たがるのではないでしょうか。

しかし、ベネッセ教育総合研究所が行った「幼児期の家庭教育国際調査（２０１８年）」を見ると、「自然とふれあうこと」「屋外で遊ぶこと」「親子でたくさんふれあうこと」という外遊びにつながる３つの項目で、日本は比較対象となった中国、インドネシア、フィンランドの中でいずれも最も低い数字を示しています。この調査では、日本のお母さんたちが子育てにおいて力を入れているのは「自分でできることは自分でする」「社会のマナーやルールを身につける」「基本的生活習慣を身につける」がトップ3です。しつけに重きを置いていることが見てとれますが、幼児期こそ、外遊びが大切であることをもっと強く意識してください。

僕が親であれば、靴も靴下も脱いで裸足になって駆け回れるような自然のある場所へ子どもを連れて行きます。緑豊かな公園や虫や鳥の集まる池など、自然と触れ合えるところにどんどん出かけていきます。**木々や草花を含め、生きているものと接することで、体にいいエネルギーが入ってくる「アーシング」の効果がある**からです。

たとえば、木登りはライフそのものです。どうすれば木の表面の凸凹をうまく利用して目的の枝まで到達できるかを考え、実践し、失敗し、再考し、目的を達成する。途中で枝が折れて地面に落ち、ケガをすることで痛みを知り、そのケガに対してどのような対処をするのか、親にどんな説明をするのか、トラブルの対処法を身につけます。木登りの途中でひどく喉が渇いたら、それをどういう発想で乗り越えるのか。木登りという原始的な遊びから、さまざまな方向からやり抜く力を磨けます。

自然には何もないからこそ、どのように自分が生きていかなければいけないのか、ディフェンス力、生き残る力が育まれます。

外遊びができない日には、家の中で手を動かして取り組めることがおすすめです。**壊れた時計を分解して、元通りを目指して組み立てる。**あえて「目指して」と書いたのは、かなりの高確率で元通りにはならないからです（笑）。でも、それでいいんです。もともと壊れているものなのだから、完璧なんて求めないでください。

分解して、物の構造を知ることが重要です。さらに、最初から元通りに組み立て直すことが念頭にあれば、パーツの配置を覚えておこうとするので、集中力、記憶力が自動的に養われます。

「そんなに都合よく壊れた時計なんてないわ」という場合は、教材費と割り切って１００円ショップで時計とか懐中電灯とか、電池や電気で動くものを購入してきてもいいと思います。高価なオモチャを１個買うより、よほど安上がりで得るものが多いのではないでしょうか。

世界で活躍する方法

30

# 「YES」「NO」で答えられない質問をする

「今日は、スイミングをがんばった？」

「うん。がんばった」

　子どもが何も考えずにおうむ返しで答えられるような質問や、「イエス」「ノー」で会話が終わるような質問をクローズドエンドクエスチョン（close-ended question）といいます。


「今日、スイミングでコーチにどんなことをアドバイスされたの？」

「えーっとね、背泳ぎのときはもう少し顎を上げたほうが、体が沈まないんだって」

「そうなんだ。実際にやってみた？」

「うん、やったよ」

「やってみたら、どうだった？」

「足が沈まないから、泳ぎやすかった」

　こんなふうに、そのときの状況を思い出しながら、親にわかるように頭で整理してから話したり、自分がどう感じたかを答えるような質問をオープンエンドクエスチョン（open-ended question）といいます。

家庭の会話で目指したいのは、もちろん、後者。オープンエンドクエスチョンを増やすことです。

思考力などと考えると難しいことのように思いますが、考える力は日々、家庭の中でこそ伸ばしていける力です。

学校では何十人の中の一人である我が子も、家に帰れば（たとえ兄弟がいてママを独り占めできなかったとしても）１対１できちんと向き合ってくれる大人と話す機会が持てます。この時間こそが、いちばんのトレーニングになっているのです。

しかも、子どもにしてみれば、親が自分の話をきちんと聞いてくれるという信頼感と安心感を同時に得ることができ、自己肯定感を育むことにもつながるのです。

あまり難しいことは考えず、まずは、子どもが帰宅したら「今日はどうだった？」ではなく、「今日は学校でどんなことがあったの？」と聞くことから始めましょう。

また、**子どもがグチったり泣き言を言ってきたときには、賛成意見や反対意見を述べる前に、「あなたはどう感じたの？」「お友だちにどうしてほしかったの？」「あなたならどうする？」などと、子ども自身の考えを話せるような質問をする**ことです。

子どもは考えながら話すことで気持ちの整理がつき、自立する年頃になれば、自分自身で「そのとき自分はどうしたらよかったのか」を考えられるようになっていくはずです。

世界で活躍する方法

# 31

# 勉強はリビングでさせる

家族が集《つど》うリビングは、親の管轄下にあるパブリックスペース。図書館の学習室と同じように、いつでも無料で勉強ができる場所という位置づけです。

リビング学習については、書籍『東大脳の育て方』（主婦の友社）のリサーチで83％の東大生が、テレビ東京の番組調査では東大生の48・6％がリビング学習であったと紹介されています。また、別のデータでは、難関中学合格者の9割がリビング学習であったというものもあります。

リビング学習に関しては右のデータを見るまでもなく、僕も大賛成です。自分の部屋に入ってドアを閉めるのは、心の扉を閉ざすのと同じこと。やはり、親の目が届く範囲で、かつ、子どもが監視されていると感じない距離感で見守ることが大切です。

勉強も含め、考えるときにはものすごい集中力を必要とします。その集中力を高める大切な要素が、安心感です。心に悩み事や心配事があるときは何をしていてもそちらに気を取られ、落ち着いて物事を考えることはできません。

しかしリビングは、キッチンから漏れてくる音や匂い、少し離れたソファから聞こえてくるページをめくる音、時折、自分に向けて送られてくる視線、五感で感じ取れる、見守られているという安心感によって、より集中して勉強に取り組めます。

少しわからないことがあって声をかけるにしても、イスから立ち上がって自室のドアを開けてわざわざ出て行くのは心理的ハードルが高いですが、リビングの見える場所にいれば「ねえ、ねえ、これってさ」とすぐ親に聞くことができる。これも大きなメリットです。

僕の記憶の中には、勉強している僕の近くで新聞を読んでいる父の姿があります。たいへん厳しい父でしたけど、日本語の補習校で漢字テストに四苦八苦していたときに、ずっと寄り添って、ときに替え玉となって（笑）、僕を支えてくれたことが記憶にしっかりと刻み込まれています。


勉強するときは、姿勢を正して。日本の学校ではこう指導されることが多いようですが、特に低学年の頃は、机に向かって長い時間集中するのが難しい子もいます。

**なぜ、勉強のときに姿勢よくしなければいけないのか。よく考えもせず、「姿勢が悪い！」なんて叱ってはいませんか？** 最近では、姿勢のいい子のほうが勉強に集中できる、テストの正答率が高いなどとする研究結果もあるようですが、学校で「姿勢よく静かに座って」と言われるのは、そのほうが、学校にとって効率がいいからだと僕は思っています。30人40人の生徒の統率《とうそつ》をとるには、静かに座っていてくれたほうがいいし、背筋を伸ばしている子が多いほうが、もしかしたらクラスの雰囲気もよくなるのかもしれないですよね。

姿勢が集中力に関係すると言われ始めている一方で、立って仕事をしたほうが効率が上がるというデータもあります。スタンディング式のデスクを導入している企業も出てきていますし、ずっと座りっぱなしよりも、うろうろ歩きながらのほうがいいアイデアが浮かぶことが多いのも、みなさん、経験としてご存じだと思います。

学校ではうろうろ歩き回ったり、一人だけ立って授業を受けるわけにはいきませんが、自宅で過ごす時間くらい、その子なりに集中の保てるやり方をさせてあげていいというのが僕の考えです。なんでも四角四面にとらえるのではなく、その時期、その瞬間の子どもにとってのプライオリティを考えながら判断することも重要です。

世界で活躍する方法

# 32

# 短歌と絵本を読み聞かせて語彙力を飛躍的に伸ばす

当たり前すぎるほど当然の話ですが、何かを思考するときには言葉が必要です。そのとき、状況を適切に認識したり、自分の気持ちをより正確に表現するためには、語彙力が必要です。

**語彙力を増やすには、これまた当然ですが、より多くの言葉に触れること以外に方法はありません。**そして、多くの言葉に触れることができるものといえば、やはり本以外にないでしょう。

小さな頃は、読み聞かせをしてあげること。何十回も版を重ねてきたような名著で昔ながらの言葉の響きを耳に届けたり、最新の絵本で物語を楽しんだり、聞くだけで脳が刺激されるように、幅広いセレクトを心がけるといいと思います。

また、**日本ならではの短歌や俳句、美しい言葉の響きを持つ詩集などもおすすめです。**

絵本の読み聞かせをするときは、あまり教育的な成果を求めず、子どもがワクワクしたり、グイッと前のめりになって本の世界を楽しんだりできるものがベスト。本は楽しいものだという経験をたくさんさせてあげると、大きくなっても本が好きになる確率は高まります。

1990年代に行われた「3000万語の格差」という研究は、教育をテーマにした書籍でたびたび取り上げられています。この研究によれば、**裕福な家庭に比べ、経済的に困窮している家庭では話されている言葉の数が3000万語少ない**という結果が出ました。

3歳時点での語彙数も、裕福な家庭の子どもは平均1116語話すのに対し、貧困層の子どもは平均525語だったそうです。その後の追跡調査によれば、3歳時点の語彙数が9歳時点での言語レベルやテストの点数と相関していました。

調査対象がわずか42の家庭で、収入層（生活保護、労働階層、専門職）による人種の偏り、毎月1回1時間訪問してカセットレコーダーやストップウォッチを用いて語彙数を調べるといった調査方法に懐疑的な意見もあり、2017年にデジタル録音機器を用いて「3000万語の格差」を再現した研究の結果が報告されました。

最新の調査では、329の家庭を対象に、生後2ヶ月から4歳を対象に調査したところろ、高所得者層と低所得者層の語彙数の格差は４００万語。もっとも多く話した２％の家庭と、もっとも話さなかった２％の家庭の格差は３０００万語であったということです。

３０００万語に比べれば、近年の研究が示す４００万語は少なく思えますが、４００万語ですよ？　自分の気持ちを表現したり、深く思考したりする際に、これはかなり大きな差となるはずです。

この差がどこから生まれるかと言えば、経済的に裕福な家庭では、話されている話題の幅が広いこと、興味の対象が多岐にわたること、コンサートや映画など知的好奇心をくすぐる体験をする機会が多いことなどがすぐに想像できます。

では、経済的に豊かでない家庭では何もできないのかといったら違います。ここでこそ、本の出番です。絵本は購入できなくても、図書館に行けば何万冊もの蔵書から自由にセレクトできます。あらゆる本を興味の赴《おもむ》くままに借りてきて、読んであげるだけで子どもの語彙数を伸ばすことができます。

世界で活躍する方法

33

# 絵画鑑賞で美意識を育てる

郵便はがき

切手を
お貼りください

105-0003

（受取人）

**東京都港区西新橋2-23-1**
**3東洋海事ビル**

**(株)アスコム**

**全米No. 1バンカーが教える**
**世界最新メソッドで**
**お金に強い子どもに育てる方法**
**読者　係**

本書をお買いあげ頂き、誠にありがとうございました。お手数ですが、今後の出版の参考のため各項目にご記入のうえ、弊社までご返送ください。

| | | |
|---|---|---|
| お名前 | 男・女 | 才 |
| ご住所　〒 | | |
| Tel | E-mail | |
| この本の満足度は何％ですか？ | | ％ |
| 今後、著者や新刊に関する情報、新企画へのアンケート、セミナーのご案内などを郵送またはｅメールにて送付させていただいてもよろしいでしょうか？ □はい　□いいえ | | |

返送いただいた方の中から**抽選で5名**の方に
**図書カード5000円分**をプレゼントさせていただきます。

当選の発表はプレゼント商品の発送をもって代えさせていただきます。

※ご記入いただいた個人情報はプレゼントの発送以外に利用することはありません。

※本書へのご意見・ご感想に関しては、本書の広告などに文面を掲載させていただく場合がございます。

●本書へのご意見・ご感想をお聞かせください。

ご協力ありがとうございました。

インテリ的な思考で絵画鑑賞をおすすめするわけではありません。やはり、何十年、何百年と受け継がれてきたものには、それだけの理由があります。

フィンセント・ファン・ゴッホ、エドゥアール・マネ、ポール・ゴーギャン、クロード・モネ。芸術作品は時代、国境を越えて多くの人に親しまれています。それだけ多くの人の感性に訴えかける何かが、絵画にはあるのです。

その絵のタイトルを知らなくても、題材が何であるかがわからなくても、描かれている絵の配置や色使いから、鑑賞者は安定感ややすらぎを無意識に感じ取っています。それだけで十分、脳にいい刺激を与えることができます。

**もう一歩進んで絵画鑑賞を楽しむのであれば、「自分の部屋に飾りたい絵はどれか」と考えながら美術館を見て回るのがおすすめです。お気に入りの1枚が見つかったら、「どうして自分はこの絵に惹《ひ》かれたのかな」と考えることで、いつもとは別の角度から自分という人間を知ることができます。**

また、絵画が描かれた時代の社会背景や作者の境遇など、「脇の情報」をインプットしながら鑑賞するのもおすすめです。

実は美しい絵画でも、現代とはかけ離れて政治や治安が不安定だったり、不遇な環境で描かれたものが多くあります。絵には作者自身の心象が表れています。そうした情報もインプットすることで、**社会の多様性や歴史感を持つことができ、その対比として自分を見つめ直すこともできますし、グローバルな社会で共通した「知」を持つことにもつながっていきます。**

やはり、圧倒的個性を身につけるためには、自分という人間のことをよく知らなくてはなりません。絵画鑑賞でただ美しいものを眺めるだけの日もあっていいとは思いますが、本質は、本物の芸術に触れることによって自分を知ることにあるのです。

**今、世界のトップレベルの経営者や、その次を担う経営幹部たちの養成のためにアート教育を利用する企業が増えています。**これは単なる教養のためではありません。複雑で先の見えない社会情勢、高速に進歩し高速に陳腐化するテクノロジー、新興市場の拡大、こうした激しい変化を過去のデータや理論から論理的に導き出すことはトップレベルの企業であっても難しいのです。

**直感や感性を磨き、テクノロジーに振り回されることなく真に正しい選択によって組織を導くため注目されているのが、アート**なのです。

これは、子どもの世界とは関係ないように思うかもしれませんが、ＳＴＥＭ教育にＡｒｔのＡを加えたＳＴＥＡＭ教育が注目されている理由と同じです。これまでの科学技術教育だけでは磨くことができない、感性や倫理性をアートが担《にな》うことで、バランスの取れた知識の体系が子どものうちから育まれます。

世界で活躍する方法

34

# 挫折しそうなときは、しっかり挫折を経験させる

近頃、教育界でも「レジリエンス（resilience）」という言葉が注目を集めています。もともと、レジリエンスは物理学などの分野で使われていた言葉で、それが心理学でも使われるようになり、現在のように一般化していきました。

各分野によってレジリエンスの解釈は少しずつ変わっていくのですが、だいたいまとめると、「回復力」「復元力」「跳ね返す力」と紹介されることが多いようです。

これを子育てに当てはめてみると、大きなストレスを跳ね返す力、嫌なことや逃げ出したいことがあっても再び前に進んでいこうと自身を奮い立たせる回復力、そして、最後まで全力で取り組むことのできるやり抜く力、という表現になるでしょうか。

レジリエンスの反対語は脆弱性《ぜいじゃくせい》を意味する「vulnerability」です。ちょっとしたことで積み上げてきたことが崩れてしまうもろさは、誰の中にもあります。そこであきらめてしまえば、それは挫折と呼ばれます。

挫折につながる案件でも、それをバネにして這い上がれば、同じ経験が〝糧《かて》〟となります。

どんな経験も糧にできる。これこそが、折れない心の根底にあるものです。

レジリエンスはとても重要なもので、人生のさまざまな場面を想定したとき、〝突破力〟と解釈するのがいちばん合点がいくような気がしました。どんな苦境に立たされても、傷つくことがあっても、自分の中でそれを噛み砕き、次のステップへと続く力に変えていける。追い詰められた状態を突破することで、ひとつ上のステージにステップアップできる。そんなイメージがしっくりきたため、僕はレジリエンスを〝突破力〟と解釈しています。

**人生を前進させるには、その手前にある課題、障壁を自分の力で突破しなければなりません。**どんな困難にぶつかっても立ち向かっていく突破力があれば、道を切り拓いていくことができます。突破力があれば、どんな苦境に追い込まれたとしても、必ず人生は好転します。

では、突破力を身につけるために必要なこととはなんでしょうか。これもまた、難しいことではありません。

**挫折しそうなときには、しっかり挫折を経験させること。**子どもが傷つくのを見ていられないからといって、親が先回りして挫折の機会を奪ってはいけません。挫折して同じ道でもう一度頑張ってみようと立ち上がるのか、自分の能力はここまでだと受け入れて別の道を模索するのか。どちらにしても現状を突破して、次のステージに迎えるという意味では同じ価値があります。

レスリングの吉田沙保里選手は引退会見でいちばん印象深かったメダルとして、リオ五輪の銀メダルを挙げ、「あのメダルがいちばん私を成長させてくれました。初めて2番目になり、負けた人の気持ちがわかった。得たものは大きかったです」と語りました。負けて得るものの大きさを教えてくれる、重みのあるコメントです。

世界で活躍する方法

# 35

# すべての目標を数値化して達成感を味わわせる

目標は、必ず数値化します。なぜなら、数字はウソをつかないからです。

低学年なら、算数の問題を1日3問解く。たったこれだけのことでも、「終わった」という達成感を得ることができます。3問解けたらカレンダーに◯をつけて、**努力の成果を〝見える化〟すると、やる気を持続させるきっかけにもなります。**

スポーツの目標だったら、3ヶ月くらいで達成できる大きな目標を立て、子どもの集中力は長くは続かないので、**大きな目標を達成するための小さな目標をクリアしていくスタイル**が、いちばんだと思います。その目標を決めるときは大人が主導するのではなく、子ども自身に考えて決めさせることも重要です。

「リフティングができるようになったらいいね」

親の応援している気持ちは伝わるかもしれませんが、できるようになるためにどのようなステップを踏めばいいのか、これでは具体性に欠けます。

「リフティングができるようになるためには、どうしたらいいと思う？」

「うーん、練習するしかないよね」

「じゃあ、いつなら練習できそう？」

「習い事のない、月曜日と木曜日の夕方かな」

「うん。その時間ならできるね。あとは、朝、学校へ行く前に5分くらいなら毎日でもできるんじゃない？」

「あ、そうか」

「どうする？」

「うん、朝にする。毎日やったほうが、うまくなりそうだから」

自分で決めさせるように質問を繰り返しながら、目標達成の枠組みをまずはつくってあげます。目標はスモールステップで、小さな達成感が味わえる程度、自信をつけてもっとやりたいと思えるくらいのさじ加減が理想です。


毎日5分、朝食前に練習を終わらせるためには何時に起きて準備をすればいいか。そう考えることでタイムマネジメント力も身につき、実際に練習を続けることで「できる！」、「自分にもやれた」という自信と達成感が手に入ります。

僕がコーチをしているサッカーチームでも目標はあります。

例えば、リフティング25回が目標だとしたら、スーパースターもベンチプレイヤーもごちゃ混ぜにしてチーム分けします。そして、チームごとに競わせる。一番強かったチームは腕立て伏せしなくていい、とかの特典付きで。

そうすると、あっちに負けたくないからって頑張るし、できない子には教えるようになるし、自然とチームの結束力が育まれます。

この世の中、何でもバトル。男の子は特にバトルが好きだから、与えられるのではなくて、自分で勝ちを取りに行くような環境を整えてあげると、勝手に頑張って伸びていきます。英語で「A chain is only as strong as your weakest link」という、鎖の強さは一番弱い輪の強さで決まるということわざがあります。要は、チームに一人でも弱い人がいたら、それがチームの実力になるということ。弱い人をいかに引き上げるか。その問題解決能力も問われています。

世界で活躍する方法

36

# なんでもいいから気分がスカッとするリセット法を持つ

人生、ツイていない日もあれば、何をやっても裏目に出たり、誰かのひと言をネガティブに受け止めてしまったり、心がズドンと落ち込んでしまう日が誰にでもあります。もちろん、子どもにもあります。

人間だから、落ち込む日があっていい。だけど、落ち込みの谷から抜け出せなくなると身動きがとれなくなるし、谷から這い上がる時間も短いほうが、人生に楽しい時間が増えます。

時間という薬が解決してくれることもありますが、**小さな頃から自分の気持ちをリセットする訓練を積んでおくと、落ち込みからの回復力をグンと高めることができます。**

リセットするための方法は、本当になんでもいいのです。この絵を見ると元気になる、この歌を聴くと嫌なことを忘れられる、ジグソーパズルに集中する時間で心がすっきりする。本人の好み、無になれるもの、なんでもいい。

ちなみに僕は、小さな頃から「片手でシャンプーするのが誰よりも速い」というのが密かな自慢です（笑）。疲れていたり、落ち込んでいたり、むしゃくしゃしたときには自分の中でタイムトライアルをして、いかに短い時間でシャンプーを終わらせられるかを競い、ガーッと一気に洗い上げます。すると、頭の汚れをすっきり洗い落とすのと同時に、気分もスカッとするんです。僕だけかもしれないけど（笑）。でも、こんな簡単なことでも達成感が味わえ、嫌な気持ちを洗い流せるんだから、ものすごく単純で安上がりですよね。

**気持ちの切り替えが下手な子には、ぜひ、その子なりのリセット法を見つけてあげてください。**心が沈みがちなときは、頭は下を向き、背中が丸まって肩が前に入るような猫背の姿勢になりがちです。だから、空を見上げ、両手は上に広げ、思いっきり深呼吸して「あーーーーー」っと叫ぶだけでもいいですし、子どもにダッシュで新聞を取りに行くように頼んでみてもいいです。ハァハァと息が上がるくらいの運動で交感神経が優位になり、気持ちを前向きに切り替える効果があるといいます。そう考えると、親子でスキップして家まで帰ってもいいし、トランポリンでジャンプをしてもいいのです。

**子どもが落ち込んでいるときに「どうしたの？　何があったの？」と根掘り葉掘り聞き出そうとするのは逆効果でしかありません。**子どもは自分が話したいタイミングで話します。

もちろん、未就学児くらいまでは「大丈夫？　どうしたの？」という声かけが有効かもしれませんが、徐々に子どもにも親には言いたくない世界ができあがっていきますので、声かけ以外の角度から手を差し伸べてあげるといいと思います。

**自分で切り替えられる子は、強い**ですよ。

世界で活躍する方法

37

# 武道・伝統芸術を習わせて日本人の精神性を育む

長い年月を経ても廃《すた》れないもの、時代の移り変わりとともに変化しながらも受け継がれてきたもの。日本で言えば、書道、茶道、華道などの伝統芸術、剣道、柔道、空手、合気道などの武道がありますが、これらを学ぶことは日本人に受け継がれてきた精神性を学ぶことでもあり、自身のアイデンティティを確立する上で必ず役立つことと思います。

また、これからさらにグローバル化していく社会において、**日本ならではの文化に根ざしている伝統芸能や武道を身につけておくことは、その人の強みになります。**

異なる出身国の人同士が互いの理解を深める際には、相手自身のことに加え、相手の国について知りたいと思うものです。今現在、流行しているものをとうとうと語るよりも、日本ならではの精神性を理解し、知識を深めることのできるトークを展開できる人のほうが、やはり周囲の人を惹きつけます。

それに、多くの日本人とお付き合いをしてきて感じるのは、日本人は日本の文化に疎いということです。外国人から見たら日本は独自の文化が発達した、興味深い国です。しかし、少し突っ込んだ話をすると、あいまいな笑顔でごまかす人のなんと多いことでしょうか。
テレビをつけたら日本の技術や文化をほめたたえるような番組がたくさん流れているのに、本当の意味で日本文化を語れる人はあまり多くありません。僕は常々、それを残念に思っています。

近年では、海外から逆輸入の形で「マインドフルネス」が注目をされています。マインドフルネスは、日本の禅から宗教色を排除したもので、〝今〟に意識を集中することで創造性、集中力を高め、仕事や勉強の効率を上げるものです。
グーグルをはじめとした大企業もマインドフルネスを取り入れていますし、アップル社の共同設立者の一人であるスティーブ・ジョブズ氏も嗜《たしな》んでいたことでも話題になりました。

こういった事例からも、日本に受け継がれてきた伝統には、現代にも応用できるマインドが備わっていますし、海外から見ても素晴らしい文化です。**グローバル化だか**

**らといって他国の文化に学ぶばかりではなく、まずは、自国の文化に触れることを優先させるべき**です。

子どもの性格や体力に合わせ、真剣勝負の柔道や剣道を習わせてもいいですし、内向的なタイプであれば、書道や華道、合気道など勝敗のつかない世界に身を置くことを心地よく感じるかもしれません。

また、休日には「江戸東京博物館」や「深川江戸資料館」など、日本の歴史を展示しているところに足を運んでみたり、浮世絵などの日本画を見たりする機会を持つのもいいでしょう。

# ダメな自分を笑い飛ばせる勇気を持たせる

世界で活躍する方法

38

人に「愛される力」は世界で活躍するための頼もしい武器になります。人は、信頼する相手にしか心を開きません。あなたも相談事や困ったことがあったとき、数人思い浮かんだ顔の中から、いちばん信頼できる相手を選ぶでしょう。

愛される力を持つ人は、オープンマインドです。誰に対しても裏と表の顔を使い分けることをせず、常に、自分自身で他者と向き合います。これも、いってみれば信頼に値する行為です。

そして、愛される力が備わっている人は、ユーモアにあふれていることが多いもの。その人のまわりには信頼と笑いがあふれているから、自然と人が集まってきます。多くの友人とともにすごす学生時代が、彩り豊かになることは想像に難くないでしょう。

さらに、**社会人となってからも、企業名といった肩書ではなく「あの人と仕事をしたい」など、個の魅力で仕事を引き寄せる力へとつながっていきます。**これが、人生の満足感を高めることも容易に想像ができます。

これから子どもたちが活躍していく次の世代では、この愛される力や相互の信頼が、生きる上でとても重要な力になってきます。今のお父さんお母さんの感覚からすると、「多少愛嬌がなくったって……」とか「信頼を損《そこ》なうようなことをしなければ大丈夫」といった声も聞こえてきそうですが、そう悠長に構えていられない2つの理由をお話したいと思います。

まず、ひとつめの理由は「幸福感」との関係です。日本も経済成長が長く続いた時代があったため、経済的に豊かであることや、お金や時間を自分の思うように自由にできることが幸福だというイメージが強いと思います。

しかし、実際、人が何によって幸福であると感じるかは、実は経済的な尺度とはあまり関係がないことがわかってきています（ハーバード大学准教授マイケル・ノートンの研究）。

では、**何が人に幸福であるという自覚をもたらすかといえば、自分に対する使命感、いわば「生きがい」と、他者への貢献である「利他性」です。**

社会全体で物が不足していて、物質的に豊かになってゆく時代であれば、お金や余暇といったものが生きる上での満足感につながりましたが、これからの時代はその満足感の尺度を自分自身が強く持たなければなりません。

長い人生ですから、働く場所や時間、どんな文化の人と働くかといった、働き方そのものがどんどん多様化していく中で、どれくらい稼ぎ、どれくらい地域社会やボランティアに時間を使うかなど、自分で判断しなければなりません。

また、それができる大人になれることが幸福へとつながってゆきます。「生きがい」や「利他性」のどちらも他人との関わりや深い信頼があってこそのものなのです。

ふたつ目の理由は、意見や立場が異なるときでも寛容であることとの関係です。20世紀は新聞やテレビなどいわゆるマスメディアが大きな力を持っていた時代でした。社会の大きなニュースや課題などに対して、世界中にさまざまな意見や考え方を持った人がいて、マスメディアができるだけ平等にその声を人々に届ける役割をしていました。良くも悪くもその役割のおかげで、自分の意見とは異なるいろいろな意見があることも含めて「ひとつの世界」を共有できたのですが、現在、そして将来は、マスメディアよりもソーシャルメディアが力を持つ時代です。

ソーシャルメディアの特徴として、自分が好む情報ばかりが集まってくるという点があります。自分が「いいね」を押すとシステムがその傾向を判断して、その傾向に合う情報だけを表示するようになっているからです。

こうして自分が好む情報や賛同する意見を持つ人ばかりとコミュニティがつながってしまい、他の意見を目にする機会が失われると、だんだん居心地のよい空間になれてしまい、他のものに対して不寛容になっていきます。

これがいま、世界で起きている対立や分断、先鋭化の原因になっています。**他人の**

**意見も聞くことや、意見が違っても寛容であるということ、他人を思いやるということは当たり前のようですが、知らず知らずのうちにそれができなくなっていく時代でもあるのです。**

だからこそ、誰とでもオープンで、人に愛され、人を愛するには、これまで以上に親が気を払ってその力を伸ばしていく必要があるのです。

残念ながら、僕自身は愛される力を持つ子どもではありませんでした。小さな頃はとてつもなくシャイで、いつもうつむきがちでしたし、人と目を合わせて話すなんてとんでもないというタイプでしたから、もちろん自分をさらけ出すこともできず、オープンマインドの対極にいました。

そんな僕が、愛される力について気づき、変わっていったのは高校生のときです。鼻につく言い方かもしれませんが、当時の僕は、勉強もスポーツも人よりできましたし、サッカーの仲間もたくさんいました。学生時代、よほどユーモアにあふれた人間でない限り、勉強とスポーツができることはクラスの人気者の必須条件のはずでした。

しかし、クラスで人気を集めていたのは、勉強もスポーツもそこそこのデイビット。僕と彼との間にある歴然とした違いは、顔の偏差値です（笑）。そこでは彼にかないません。でも、だからといって、こんなに人気に差があるのは納得できませんでした。

僕に、その答えを教えてくれたのは、ほかでもないデイビット自身です。

「レオ。お前は自動ドアに気づかず、ガラスのドアにぶつかったとき、どうする？」

こう聞かれた僕は、迷わず答えました。

「もちろん、恥ずかしいから、その場からすぐに逃げ去るよ」

「そこが、レオと僕のいちばんの違いだよ。僕なら、笑って周囲の人に事情を説明して、一緒に笑ってもらうよ」

**逃げるのではなく、心を開く。どんな局面にあっても自分を隠さず、さらけ出す。**

その日から、僕は自分をごまかすのをやめる努力を始めました。恥ずかしいときは逃げるのじゃなく、恥ずかしいという。自分のドジな面も認めて笑いに転換する。そんな些細なことでも、周囲の僕に対する態度は変わっていきました。

もし、**ダメな自分を隠す傾向にある子どもがいたら、それは恥ずかしいことじゃない、誰もそんなことくらいであなたを見下さない、逃げるよりも一緒に笑い合ったほうが心の傷は浅くてすむ、ということを繰り返し伝えてあげてください。**すぐに実践するのは難しいとしても、いずれ、どこかのタイミングでブレイクスルーするはずです。

大人になってからオープンマインドを身につけるのには努力が必要ですが、小さな頃にその能力を身につけさせてあげられれば、それは一生モノ。親からのギフトです。

世界で活躍する方法

39

# 大人の集まる場所にどんどん連れ出す

日本でも、アメリカの親たちが夫婦の時間を大切にすることはよく知られていると思います。

僕の育ったニューヨークでは、ベビーシッターに子どもを預け、夫婦だけでディナーを楽しむことは一般的でしたし、週末、仲のいい家族が持ち回りで子どもたちを預かって、夫婦だけの時間を過ごすことも普通に行われていました。

夫婦の時間を大切にするという価値観の一方で、子どもを一人前として扱う文化もあり、大人の集まる場所に子どもを連れて行くことも当たり前でした。

「parent dating」といって、親子セットで近所づきあいすることも多く、地域社会が子どもを受け入れてくれる文化があります。

その点、日本では大人は大人のコミュニティ、子どもが中心のコミュニティでは大人は添え物といった雰囲気です。

大人の集まりに子どもを連れて行くメリットは多岐にわたります。その場に合った装いや立ち居振る舞い、会話をする際のマナーなど、コミュニケーションの基本が身につくこともそのひとつですが、いちばん大きいのは、**世の中にはさまざまな立場の大人がいて、それぞれが自分なりの考えを持っており、両親の考え方だけが世の中のすべてではないと知ることです。**

小さな頃は、両親がボスで、親の言うことがすべてになりがちです。しかし、親といっても完璧な人間ではありません。正しいこともあれば、間違っていたり、物の見方が偏《かたよ》っていることもあります。

大勢の大人と接することで、「あれ？　お父さんの言っていたこととは違うな」とか、「あ、この人の言うことって素敵だな」とか、「このおじさんの話すことは支離滅裂だ」とか（笑）。子どもながらにいろいろなことを感じ取ります。

多種多様な大人がいる。それは、子どもの安心感につながります。学校の担任が自分をわかってくれなくても、自分を理解してくれる大人が近くにいると思えば、心の安定をもたらしますし、あるときは安全な逃げ場としての機能を果たしてくれるかもしれません。

それに、親子といえども相性が合わなかったり、考え方が異なることはけっこうあります。そういった場合にも、家庭の外に考え方の似た大人がいると知っていることは、強い心の支えとなります。

大人に対する信頼感は、イコール、社会への期待感です。つまらない大人ばかりの世界へ飛び立とうと思う子どもなどいませんから、将来、自分もこんな大人になりたいと思える人との出会いを小さな頃からたくさん経験させてあげた分だけ早く大人になりたいという自立心を刺激します。

世界で活躍する方法

40

# 苦手な友だちの良いところを考えさせる

「人という字は、人と人が支え合う姿を表している」

この原稿を書くにあたって調べたところ、これは日本の有名なテレビドラマ『3年B組金八先生』の中のセリフで、本当は人という字は人を横から見た姿を表しているらしいと初めて知りました（笑）。人は誰かの支えなくして、決してひとりでは生きていけないという現実を考えたとき、このセリフは名言であり真理を突いていると思います。

たとえ自分が苦手とする人でも、いくら話しても永遠に話が噛み合わない相手でも、その人にさえ自分は支えられているのだからと気持ちを落ち着かせることができると、世の中から敵がいなくなります。そんなのきれいごとと思うかもしれませんが、たった一度きりの人生、敵だらけの世界より、味方だらけの世界に生きたいと思いませんか？

みんな、誰かに支えられて生きていると考えるのは、年齢によってはまだ難しいかもしれません。そんなときは少し視点をズラして、「あの子だって、誰かを喜ばせたり、笑顔にさせることがあるでしょう？　どんな人にも、誰かを幸せにする力がもともと備わっているのだから、世の中に、いなくていい人なんていない」ということを教えてあげるといいでしょう。

あるいは、もっと年齢が低ければ、**「嫌なところもあるかもしれないけど、あの子にもいいところはあるよね」と話しかけ、一緒にいいところを見つけてあげる**と、子どもも納得しやすいと思います。

実際のところ、大人だって生理的に苦手な人のいいところに目を向けるのは難しいことです。でも、難しいことだからこそ、そのチャレンジを乗り越えたときに成長できます。人としての器が大きくなります。

常に人のいいところに目を向けるクセをつけようといっても、学校へ行けば「あいつって、こうだよな」などと同級生を下に見るようなことばかりを言って、自分に注目を集めようとする子どもがどのクラスにも必ずいます。

もし、その場でポジティブな発言ができるような雰囲気でなかったら、そこは、スルーです。いいことを言えないなら、無理に言わない、同調してネガティブな発言をする子と同じ土俵に立たないということも、ぜひ、子どもに伝えてください。

「あいつって、ああだよな」

「そうなの？　よくわからないな」

**他者との円滑なコミュニケーションを図ろうと思ったら、あっさりとスルーする能力も実力のうち。**風見鶏のようにあっちの意見にもこっちの意見にも同調していると、いずれ信頼を失います。自分の意見を曲げないためにも、スルースキルの必要性をタイミングを見極めて教えてあげましょう。

世界で活躍する方法

# 41

# 英語学習がもたらす言語力以上のメリット

日本語と英語では語順が異なるため、両方の言語を学ぶことで脳の使う部分が増え、脳が活性化されるメリットもありますが、英語を学ぶことの本質はもっと別のところにあります。

グローバル・マネジメント誌『Harvard Business Review』２０１２年10月号に掲載されたデータでは、世界人口約70億人のうち、英語を話す人口は約17・５億人、そのうちネイティブスピーカーはわずか３・９億人で、残りの約13・６億人は第二言語として英語を話す人々でした。

非ネイティブスピーカーの英語レベルがどの程度かこのデータから読み取ることはできませんが、英語である程度の意思疎通ができると仮定した場合、英語を話せるだけで全世界の４分の１の人とコミュニケーションがとれることになります。

少子高齢化が進み、日本の消費市場は縮小傾向であることから、政府は「観光は、我が国の力強い経済を取り戻すための極めて重要な成長分野」だと規定し、訪日客の誘致に注力していますし、多くの企業がインバウンドの取り組みを本格化させています。

つまり、日本から外に出なくても外国人と触れ合う機会は今後ますます増えていきますし、10年後、20年後には成長分野であるインバウンドにまつわる仕事が人気の職種になっているかもしれません。

あるいは、経済が縮小する一方の日本に見切りをつけて、海外に活路を見い出す人たちも出てくるでしょう。

また、スマホの進化によって、誰でも、瞬時に、世界中の50億人の人とつながることができる時代です。ＳＮＳ、ネットニュース、さまざまな情報が世界中を行き交う中で、英語がわかるとその情報量は１００倍にもなるといわれています。

これまで日本は、裕福な国であるがゆえに、英語で発信された情報を翻訳家に依頼して「翻訳する」ことができていました。ですが、これからの時代に翻訳されるのを待っていたら、世界との間にタイムラグが生まれます。半日、１日、２日という時間は、ネットの世界で取り残されるには十分な時間でしょう。

世界を見回してみれば、英語を第二言語として学ぶのは必須で、第三言語を学ぶのが当たり前という国もあります。

**英語を身につけさせるかどうか、その答えは「もちろん！」。悩むだけ時間のムダです。**

先日、大手企業の駐在員の方に英語教育についての相談をされました。英語をうまく話せるようになってほしいけど、英語ばかり教えていると日本人としてのアイデンティティに影響しないかと心配されていました。僕はきちんとした英語を身につけるには、まずは日本語の基礎がきちんとしていることが大切だと考えています。日本語の語彙がなければ、思考は浅いままですので、英語で話しても薄っぺらいことしか結局言えません。

将来、子どもをビジネスエリートに育てたいならば、日本語と英語、さらには第三言語も視野に入れて学ばせていくことが大切です。

世界で活躍する方法
# 42

# STEAM教育でAI時代が求めるセンスを伸ばす

これからの時代は、個々のスキルにより専門性が求められてくるでしょう。そのぶん、一人では何もできない時代ともいえます。スペシャリストとスペシャリストが手を組んで、大きなプロジェクトを成し遂げる。そんなイメージです。ですから、これからの時代は協働性が求められるのです。

学校へ行くのだって、究極をいえば、勉強するためではありません。コミュニケーション力を育てるために行くのです。

だから、テストで0点を取ったって目くじらを立てる必要はないし、「勉強頑張ってね」と送り出すのではなく、「友だちと仲良くね」「先生に感謝して」と送り出せばいい。

最近は、「将来AIに仕事を奪われないようにするにはどんな教育が必要か」という論調が多いように思います。確かに、現時点でAIやロボットによる代替可能性が高い職業と低い職業が存在するのは事実でしょう。

しかし、AIやロボットがある日突然向こうからやってきて、昨日まであった仕事を全部人間から奪っていくわけではありません。産業革命のとき、労働者が自分たちの仕事を奪われるのではないかと恐れて生産機械を破壊するラッダイト運動がありましたが、現代ではそういうことは起こりえない。

**人からＡＩやロボットに仕事が置き換わっていくということは、同時に、人が集中すべきことや、人がより得意な仕事が増えていく**ということなのです。ＡＩが得意なことはＡＩに任せて、そういった新しい仕事を生み出すことや、これまであまり社会で活躍できなかったハンディを持った人でも活躍できるようにロボティクスを活用するといった、プラス思考で子育てにも向き合うべきです。

そのためにも、**これから子どもたちが共存していく技術や仕組みについて鵜呑みにせず家族で興味を持って考えたり、世界で恵まれず苦しんでいる人のことに思いを寄せることも大切**ではないでしょうか。

繰り返しますが、ＳＴＥＡＭ教育は、科学教育を中心とするＳＴＥＭ教育に、Ａｒｔ

のAを加えたものです。ここでもまたこの意味を理解していただけると思います。便利だとか合理的だとか、そういった理由でしかAIやロボティクスを活用する道を探れないのであれば、やはりそれは、人間とどこかで対立してしまうのではないでしょうか。

そうではなくて、人の豊かさであったり、困っている人に手を差し伸べる技術の使い方に関して発想できるようなセンスを高めていくべきです。そのためには、アートやデザインの力が必要でしょう。

単一分野のガチガチのスペシャリストではなく、チームの一員として柔軟なコミュニケーションができる能力ももったスペシャリストが望まれているのです。

43

# 13歳を成人と想定した子育てをする

お母さん世代をターゲットにした雑誌を開くと、「結婚しても女を捨てない」とか、「私磨き」とか、「ママ友と行く週末弾丸0泊ツアー」とか、自分を楽しませることが是とする企画が散見されます。

子育てには休みがなく、一人の人間を社会で通用するように育てるのですから、それは大仕事です。ストレスも相当あるでしょう。でも、でもですよ。子どもと真剣に向き合える期間はたかだか10年程度。この期間くらいは自分のことは脇に置いておいて、子どもを最優先しないでどうするのでしょう。自分磨きはその後でもできます。

子どものことは小学生、中学生と分けて考えがちですが、子どもの精神的な成熟度からいえば、小学校4、5年生あたりになれば子ども自身の考え方も確立して、自分の意見を持ち、決断するようになっていきます。このことは、サッカーのコーチをしている経験から実感していることですし、少し調べてみたところ、**脳科学の世界でもおよそ10歳で脳の機能は大人とほぼ同等になる**ということですから、親が子どもに生きる上で大切なことの多くを伝えられるのは10歳頃までと思ったほうがいいでしょう。

多くの実業家やリーダーを生み出しているユダヤでは、男の子は13歳になったら「バル・ミツワー」、女の子は12歳になると「バド・ミツワー」という成人の儀式を行います。もちろん、自分でお金を稼げるようになるまでは親の協力が必要ですが、精神的には13歳で大人である、という前提での子育てをしているのでユダヤの子どもたちは自然と自立心を身につけます。

多くの親が、まだまだ子どもと思っている小学校5、6年生は中学校へとつなげるための準備期間、そして、親から巣立つ助走期間と考えると子育ての軸がブレないと思います。

最も重要なことは、子どもと真剣に向き合う10年間は子どもが最優先であるのはもちろん、子どもに信頼される親であることを第一に考え、行動することです。

僕の父は昭和の頑固親父を地で行く人で、僕に対してたいへん厳しい人でしたが、自分自身にもとても厳しく、何事も有言実行で、僕の挑む勝負にも真っ向勝負で一切の手抜きはなしでした。行動の伴った厳しさの前では、人は素直になるしかありません。

僕は父の厳しさを越えていく目標として感じ、常に追いつきたいと思っていました。

また、サッカーチームの子どもたちを見ていても、言行不一致の親に対して子どもは不満を募らせ、それが解消されないまま時間が過ぎれば、親への信頼を失う。その姿を幾度も見てきました。

**子どもに幸せになってほしければ、まずは親が幸せでいることです。笑顔の多い親の子どもは、やっぱりよく笑います。**

すべきことは自分だけが満足する自分磨きではなく、子どもの信頼に値する自分の幸せな生き方を見つけること。

よく、人間関係において「相手を変えるには、まず自分が変わること」と言われますが、それは親子の関係でも同じです。**「子どもを変えたければ、親が変わること」**。これしかありません。

世界で活躍する方法

# 44

# 家事は完璧を目指さず、子どもとの時間を大切に

日本では、手作り、手仕事、手をかけた丁寧な暮らしが美徳とされる文化があり、お母さん方は完璧を目指そうとかなり苦労されているように、僕の目には映ります。しかし、そこにこだわりすぎて、子どもとの時間が削られてしまうのでは本末転倒です。

**自分でやらなくていいことは、外注などのサービスを利用して、目の前の子どもと向き合う時間を少しでも多く持ちましょう。**

いつかできるようになることに時間を費やすより、今この瞬間を大切にしましょう。手を抜けるところは上手に抜いて、子どもが必要としているサポートに全力を注ぎましょう。

これらはとても大切なことなのに、つい忘れられてしまいがちです。目の前の子どもの成長と家事、どちらの優先順位が高いかを考えれば、答えはすぐに出てくるはずです。仕事と家事、育児で時間のゆとりがないのであれば、家事代行やカット済みのおかずキットの宅配を利用することも検討すべきです。

また、「小学校入学前には文字が書けるようになっていなくちゃ小学校に入ってからこの子が困る」などと先走って、子どもと過ごす貴重な時間をドリルに費やしている方も多い印象です。

ひらがな、カタカナ、漢字、九九。習得するまでの時間に差はあったとしても、ほとんどの子どもがいずれ字が読めるようになり、書けるようになります。漢字だって、最初は想像力豊かに、はちゃめちゃな字を書いていたとしても、大人になれば必要な字は書けるようになっているものです。もちろん、九九も覚えます。

**それなのに、漢字の書き順がちょっと違うからと何回も書き直させることにどんな意味があるのか**、僕にはよくわかりません。好きで取り組んでいるのならいいですが、嫌々ドリルをやって身につくことがどれほどあるのかも、僕にはわかりません。

いつかはできるようになるんだったら、それでいいのではないでしょうか？　いつかはできるようになることが、今できなくて困ることとはなんでしょうか？　あるとすれば、テストの点数がちょっと悪くなることくらいで、さして問題ではありませんよね。成績がいいこととその子の人格は別問題です。

子どもの自立心が芽生えてくる10～12歳くらいまでは、手を抜けるところは手を抜いて、子どもとの時間を最優先で考えていいのではないでしょうか。

その期間を過ぎれば、子どものほうが親から離れていってしまうのですから、一緒に過ごせる今という時間をプライオリティのトップにして、子どもが「ねえねえ、ちょっとこれ見て」と言ったら、料理の手を休めてでも駆けつけるくらいの気持ちでいていいと思うのです。

時間は有限ですから、何もかもに完璧を求めるのではなく、「大切なことは何か」の見極めが必要です。

世界で活躍する方法

45

# ほめるときも叱るときも結果よりプロセスを大事にする

時折、はたから見ていても恥ずかしくなるくらい、両親揃って手放しで「すごいね！」とほめているところに遭遇します。子どもはその「すごいね！」の中に、どのくらいのウソが含まれているかを敏感に察知しています。

「よかったね」「がんばったね」は、二流三流のほめ方。「すごいね」なんて、通りすがりの他人でも言えるほめ言葉です。子どもの前には次々と新しい興味が湧き上がってくるので、「あそこでこうしたのがよかったね」と、具体的なプロセスを言葉にしてほめなければ心に響きません。

サッカーでもラグビーでも、ゴールをしたからすごいね！　ではなく、そのゴールまで行き着く過程にその子なりの工夫が見えたら、そこをほめます。それは、「あなたのことを、ちゃんと見ているよ」というメッセージとしても子どもに届きます。だから僕は、ラッキーでゴールをしたときには、絶対にほめません（笑）。「あれは、ラッキーだったよね」って、本当のことを伝えてこそ、信頼を得られます。

近頃はほめる子育てブームともいえる流れがあり、親が子どもをやたらにほめる風潮がありますが、極論を言えば、**その子が夢中で取り組んでいることに対しては、親があえてほめる必要もないでしょう。**本当にすごければ周りが放っておきません。先生や周囲の反応から、自分がほかの人よりもちょっと才能があることは誰に教えられなくても子ども自身が分かっているはずです。

反対に、持ち上げられすぎて天狗になっていたら、YouTube の動画でも見せて、「この子、あなたと同い年だけどすごいよね」と上には上がいることをわからせて、鼻っ柱をへし折ってやる必要だってあるかもしれません（笑）。

努力はして当たり前。だから、**努力していることもわざわざほめる必要はありません。**少し横道にそれますが、「努力をしなさい」という声かけにも意味はないでしょう。何言うのであれば、どのように努力すべきかその方法論を明確に提示すべきです。何をどのように努力するのかを噛み砕いて伝えられないのであれば、努力しなさいなんて上から目線で言うべきではないのです。

ほめるのとは反対に叱るときはすぐに言葉にせず、一呼吸置いてからが基本です。まずは、理由を聞くこと。そこがスタートです。

すべての行動には、その子なりの理由があります。大人から見たら注意したくなるような場面でも、その子は良かれと思ってしていることがたくさんあります。その発想の芽を摘まないように、その子の行動力を奪わないために、まずはどうしてそれをしたのかを聞くのです。

仮に、**結果としては失敗だったとしても、そのプロセスが間違っていなければ、そこはほめてあげていい**と思います。そして、その失敗を叱るべきではありません。

今回の失敗によって、何かやり方に問題があるのだと気づくことができれば、それは、次の正解に一歩近づいたということ。「失敗は成功のもと」とはよく言ったもので、本当にその通りだと思います。

失敗はどんどんしていいし、成功につながる失敗はほめるに値します。

世界で活躍する方法

46

# 一流のビジネスパーソンにならって裏表の顔を使い分けない

僕は銀行員時代に、ビジネスの上でも素の人間としても、一流の方々に数多く出会い、ずいぶんと可愛がってもらいました。一流の人の多くは雰囲気が穏やかで、人を不快にする言動がなく、そこにいる誰もが和やかな気持ちになります。

彼らには、裏表がないのが特徴です。相手の国籍、年齢、キャリアに関係なく、誰に対しても平等に接します。だから、誰もが安心して近づいていくことができるため、自然と多くの人が集まってきますし、その分、チャンスにも恵まれます。

これが、お金だけは持っていても一流とは認められない人になると、自分の功績を自慢気に話したり、地位のある人にはすり寄って、目下の人間には尊大な態度を取るなど、人として尊敬できない言動が目立ちます。そのような人は信頼に値せず、人は距離を置こうとします。

これは、親子関係でも同じです。親が表と裏の顔を使い分けていれば、子どもは親への信頼を失い、あまり多くを話さなくなっていくことでしょう。

子どもは親の顔を下から見上げていますよね。大人同士が会話しているとき、親の顔をずっと見上げながら、子どもたちは「あ、ママはこの人のことがちょっと苦手だな」とか、「あ、今ママったらウソついたよね」とか、ちょっとした表情の変化や話し方で子どもは簡単に見抜きます。

小さな頃、親が近づいてきたときの気配で、「あ、なんか知らないけど怒られる！」ってわかったじゃないですか（笑）。それくらい、子どもというのは敏感です。

**子どもにとって、いちばん身近な大人が親です。大人を信用して、未来に期待を持たせるには、まず親が信頼されることが大前提。**ものすごくカッコイイことをいくら言っても、それを親が実践できていなければ信用はされません。

親の目が行き届かないグラウンドの中では、サッカーチームの子どもたちの本音が聞けます。「うちの親、金は持っているけど、いつも言うことが違って全然信用できない」とか、子どもは本当によく見ています。

親が「どうしてうちの子はゲームにフルで出場できないのっ!」なんて息巻いていたら、親の姿が見えなくなってから子どもが「なんか、うちの親がすみません」と謝っています。

子どもに残念に思われない親になるためには、誰にでもいい顔をする八方美人にならないで、一本筋の通った大人に変わることです。これは、あなたにとっても人生を変えるチャンスです。

世界で活躍する方法

# 47

# 大切なことは繰り返しポジティブな言葉で伝える

日本には「言霊《ことだま》」といういい言葉がありますね。

僕は、言霊を信じています。だから、極力いい言葉しか使いたくないし、ポジティブな表現をしようと心がけています。

親はいちばん身近な大人ですから、その人の発する言葉は知らず知らずのうちに子どもの心に刷り込まれています。

僕は父から「常に、正しいことをしなさい」と言われて育ちました。僕がちょっとした悪さをしたとき、友だちとの関係をグチったとき、何かに悩んでいるとき、父は口にするのはいつもこの言葉でした。

小学生くらいまでは、「また言っているな」くらいの感覚でしたが、中学生、高校生ともなると、ジャブのように後からジワジワと効いてきて、友だちとの悪ふざけから大きな決断をするときまで、この言葉がふと頭をよぎり、僕のストッパーになったり、行動の指針となったり、あらゆる場面での支えとなってくれました。

「常に、正しいことをしなさい」という父の言葉だけではなく、家中にあらゆる言葉が散らばっていました。トイレには長めのポエムを書いたカードが置かれ、玄関の扉には「Just do it!」。僕は毎日、景気のいい言葉を目にしてから、外の世界へと飛び出していっていました。こういった言葉の数々は、サブリミナル効果のようにジワジワと僕の心に浸透していっていたと思います。

親が毎日、同じ言葉をかけていたら子どももうっとうしく感じるでしょうから、**伝えたいメッセージは紙に書いて貼っておく**というのもひとつの方法だと思います。

もし僕が父のように子育ての軸として、何かひとつ言葉を伝えるとしたら、「ありがとう」を選びます。

よく著名人やスポーツ選手が受賞のスピーチで、「支えてくれた家族に感謝したい」とか言いますよね。若い頃は、あれはパフォーマンスであって、本心じゃないと思っていました（笑）。でも今は、自分でもその言葉を言うだろうと思うほど、誰に対しても感謝の気持ちしかありません。

今こうして生活している。その時点で、もうすでに、誰かのお世話になっているのです。夜道を照らす街灯ひとつとっても、誰かがメンテナンスをしてくれているわけですし、毎日口にする食べ物も農家さんの努力や苦労の賜物です。

人の支えなくして、人は生きられない。だから、生きていることには感謝しかないんです。そのことを、僕は小さな頃から行動で、言葉で、子どもに伝え続けたいと思っています。

そして、誰に対しても「ありがとう」を素直に言える子が増えれば、世の中はもっと平和になるに違いありません。

# おわりに

僕が考える幸せの柱は3つ。

「タイム・イズ・マネー（Time is money）」
「マネー・イズ・パワー（Money is power）」
「パワー・イズ・フリーダム（Power is freedom）」

時は金なり。金は力なり。力は自由なり。

この3つは単独で存在するのではなく、すべてがつながっていて循環しています。時間を大切にすごすことでお金を生み出す力が備わり、その力が自由をもたらし、自由な時間でまたお金を生み出す活動ができる。この循環のポイントは、誰もが平等に手に入れられる時間がスタートであり、目指すゴールが自由であるという点です。

子育ての時間は誰にでも平等です。その時間内に子どもに何を伝え、どう向き合っていくかは親の判断です。子どもの自我が確立する10歳前後までの時間を無駄にしないことが、お金に強い大人になれるかどうかに、大いに関わってきます。お金に強くなれば、社会に縛られず、既成概念にもとらわれない自由な生き方が手に入ります。

子どもは親の笑顔が大好きです。よく笑う親の子どもは表情が豊かですし、いつも怒鳴り散らしている親の子どもはどこかビクビクしています。

この本では多方面から子育てについてアプローチしていますが、その根底には、間違った方向への努力で子どもと自分を追い詰めることなく、自信を持って、余裕を持って子育てをしてほしいという思いがあります。

いろいろ難しいことも書きましたが、僕から贈る最後のメッセージは、「イライラするときは、祖父母のスタンスで」です（笑）。

子育ては最初は誰もが未経験で、余裕がなくて当たり前です。指導するサッカーチームでも、キリキリしている親の多くが長男長女を育てている親です。

「なぜ、うちの子が試合にフル出場できないの！」

「あの子との実力差なんてないのに、どうしてうちの子が先発メンバーじゃないの⁉」

すごい勢いで食ってかかられることがたびたびあります。でも、そんな親も子どもの成長とともに学び、高学年になる頃にはあまり文句も言ってこなくなります。お兄ちゃんのときには小うるさい親として有名だったのに、弟のときは別人のようにおおらかな親になっているケースさえあります。


イライラする親に足りないのは経験です。だからこそ、人生70年、80年を生きてきたおじいちゃんおばあちゃんの境地に立てば、ものすごく寛大になれますよね。

「いいじゃないの。試合くらい出られなくたって、それで人生が終わるわけじゃないんだから」

そんなふうに、大きく構えて、ニッコリ笑って子どもと向き合ってあげてほしいのです。

でももしかしたら、子どもと一緒に自分も何かを学び始めたことで人生が充実し、そんなことをしなくても笑顔でいられる毎日を手に入れるかもしれません。

信頼できるメンターを見つけ、子どもを通わせることで気が楽になり、視野が広がるかもしれません。

あるいは、今まで手探りだった子育てに「お金に強く、世界で活躍する子どもに育てる」という軸が生まれたことで悩みを手放し、心が安定するかもしれません。

日本のお母様、お父様が世界で日本が置かれている現状を正確に把握し、今、行動しなければ日本が危ない、子どもが世界で置き去りにされていくことを理解し、子育てによりポジティブに向き合ってくださるよう、心から願っています。

## Little Monster Inc.

酒井レオが共同経営者を務めるLittle Monster Inc.。NYを拠点に、ブロックチェーンをはじめ最新テクノロジーを切り口にした教育支援、メディア運営、投資事業を通して、若者が21世紀を輝かしく生き抜くのを応援するインキュベーションカンパニーです。2019年よりリニューアルするPYD JapanはLittle Monster Groupの教育部門として世界のスタンダードをさらに日本へ広めていきます。

Little Monster Inc.について、詳しくはホームページをご覧下さい。
https://www.littlemonster.io/

**【SPECIAL THANKS】**
Little Monster Inc.
Masahiko Fukano
Nao Yoshida
Kengo Noiri
Tatsuhiro Izumi
Sakai Family
Karram Family
PYD Japan & Foundation
Masaki Yamabe
David Amendola
Deepak Sreedharan
HAKUHODO Inc.
Aki Yamazaki

全米No.1バンカーが教える
# 世界最新メソッドで お金に強い子どもに育てる方法

発行日　2019年 3 月 28日　第 1 刷

著者　　酒井レオ

本書プロジェクトチーム
編集統括　柿内尚文
編集担当　小林英史、堀田孝之
デザイン　大場君人
編集協力　今富夕起、寺口雅彦
校正　植嶋朝子
DTP　伏田光宏（F's factory）

営業統括　丸山敏生
営業担当　熊切絵理
プロモーション　山田美恵、浦野稚加、林屋成一郎
営業　増尾友裕、池田孝一郎、石井耕平、大原桂子、矢部愛、桐山敦子、網脇愛、寺内未来子、櫻井恵子、吉村寿美子、矢橋寛子、遠藤真知子、森田真紀、大村かおり、高垣真美、高垣知子、柏原由美、菊山清佳
講演・マネジメント事業　斎藤和佳、高間裕子、志水公美

編集　舘瑞恵、栗田亘、村上芳子、大住兼正、菊地貴広、千田真由、生越こずえ、名児耶美咲
メディア開発　池田剛、中山景、中村悟志、小野結理
マネジメント　坂下毅
発行人　高橋克佳

発行所　株式会社アスコム

〒105-0003
東京都港区西新橋2-23-1　3東洋海事ビル
編集部　TEL：03-5425-6627
営業部　TEL：03-5425-6626　FAX：03-5425-6770

印刷・製本　株式会社光邦


Printed in Japan ISBN 978-4-7762-1042-9

登録するだけ!

# 購入者全員にプレゼント!

## スマホ、パソコン、タブレットなどで本書の電子版が読めます!

---

## アクセス方法はこちら!

⇩

下記のQRコード、もしくは下記のアドレスからアクセスし、会員登録の上、案内されたパスワードを所定の欄に入力してください。
アクセスしたサイトでパスワードが認証されますと、電子版を読むことができます。

**https://ascom-inc.com/b/10429**

---

※通信環境や機種によってアクセスに時間がかかる、もしくはアクセスできない場合がございます。
※接続の際の通信費はお客様のご負担となります。